삶의 뿌리
인문학

삶의 뿌리, 인문학

1판 1쇄 인쇄 2016년 2월 15일
1판 1쇄 발행 2016년 2월 20일

지은이 다이애나 홍
펴낸이 이윤규
펴낸곳 유아이북스
출판등록 2012년 4월 2일
주소 서울시 용산구 효창원로 64길 6
전화 (02) 704-2521
팩스 (02) 715-3536
이메일 uibooks@uibooks.co.kr

ISBN 978-89-98156-53-4 03190
값 15,000원

* 이 책은 저작권법에 따라 보호받는 저작물이므로 무단전재와 복제를 금지하며, 이 책 내용의 일부를 이용할 때도
  반드시 지은이와 본 출판사의 서면동의를 받아야 합니다.

* 잘못된 책은 구입하신 곳에서 바꾸어 드립니다.

* 이 도서의 국립중앙도서관 출판시도서목록(CIP)은 서지정보유통지원시스템 홈페이지(http://seoji.nl.go.kr)와 국가
  자료공동목록시스템(http://www.nl.go.kr/kolisnet)에서 이용하실 수 있습니다. (CIP 제어번호 : 2015035865)

삶의 뿌리 인문학

다이애나 홍 지음

유아이북스
Ultimate Information

행복한 사람과 성공한 사람에게는 공통점이 있다.
든든한 삶의 뿌리가 있다는 것이다.
그 뿌리의 원류는 인문학이다.

당신에게도
삶의 뿌리가 있는가?

행복한 사람과 성공한 사람들이 지닌 공통점은 무엇일까?

기업체와 관공서, 대학, 단체들에서 강의를 하는 나는 현장에서 만난 많은 사람들을 통해 나름의 답을 찾았다. 그들에게는 바로 '삶의 뿌리'가 있었다는 것이다. 그 뿌리의 바탕은 인문학이었다. 인문학은 삶의 뿌리가 튼튼하게 성장할 수 있도록 기름진 땅을 일구어 주었고, 질 좋은 거름이 되었고, 비료가 되어 주었다.

우리나라는 물론 전 세계 경제 상황은 무척 불안하다. 경제 전문가들은 앞으로도 어려운 것은 마찬가지라고 한다. 그러나 모두가 그런 것은 아니다. 어려운 가운데도 성장하는 기업이 있고, 발전하는 개인이 있다. 역사에서 빛나는 영웅들은 모두 절망의 늪에서 더 큰 세상을 꿈꾸었다. 그들을 휘감는 모진 바람 속에도 든든한 버팀목이 있었기 때문이다. 어려움 속에서 더 큰 세상을 꿈꾼 사람들에게는 그들만의 강력한 무기, 바로 삶의 뿌리가 있었다.

삶의 뿌리가 튼튼했던 역사적 영웅들은 고통의 몸부림을 고전에서 찾았다. 살아남기 위해 책을 읽고, 책을 썼다. 진정한 선을 위해 오로지 강해져야만 했다. 메마르고 핍박한 영혼을 위해 위대한 자연의 가르침을 배웠고, 자연의 도리로 숨을 쉬었고, 허기진 영혼을 춤추게 했다. 도와 자연과 사람은 하나라는 진리를 실천했다. 세상을 바꿀 수 있는 무기는 총이 아니라 교육임을, 진정 총보다 펜의 힘이 강함을 보여 주었다. 근본을 잃으면 모든 것을 잃는다는 진리로, 실패하고 또 실패해도 끝까지 포기하지 않는 무서운 도전정신과 한우물정신이 만든 놀라운 몰입력은 최고의 명작을 탄생시켰다. 순수하고 열정적인 인간애로 불가능에 도전했고 마침내 넘어섰다.

남들이 대단하고 평가하는 성공까지는 아니더라도 최소한 행복감이 충만한 삶을 살고 있는 사람들에게는 그들만의 뿌리가 있다. 이들 역시 그 뿌리가 썩지 않도록, 뽑히지 않도록, 깊은 애정과 정성을 아낌없이 쏟는다. 그 뿌리는 삶이 흔들릴 때마다 중심축이 되어 주고, 혼란스러울 때마다 나침판이 되어 준다. 잘 가꾸어진 뿌리가 그들을 사랑의 기운으로 이끌어 준다. 뿌리는 내가 정성을 쏟은 만큼 다시 나에게 사랑을 준다.

그대에게 삶의 뿌리는 무엇이며, 또, 누구인가?
먼저 나의 경우를 생각해 보았다. 기억을 더듬어 보니 과거 17년간 학원 경영을 할 때, 뿌리는 자기경영의 대가 피터 드러커Peter Ferdinand Drucker라고 할 수 있겠다. 스물두 살 어린 나이에 작게나마 경영을 하니 예상치 못한 수많은 고민이 생겼고, 그 고민을 드러커의 경영 철학을 공부하며 해결했다. 이후 학원 경영을 그만두고 새로운 길로 출발할 때 즈음, 새로운 뿌리를 만났다. 바로 미래학자 앨빈 토플러Alvin Toffler다.

당시 나는 앨빈 토플러를 철저하게 분석하고 인물 탐구를 했다. 미래를 보는 혜안은 어디서 왔으며 그의 삶의 뿌리는 어디에 있을까 연구하기 시작했다. 그가 쓴 《권력이동》, 《미래쇼크》, 《제3의 물결》, 《부의 미래》 등을 모두 탐독했다. 특히 《부의 미래》는 내용을 달달 외울 수 있을 만큼 읽고 또 읽고, 반복해서 읽었다. 그가 12년간 걸쳐 연구해 온 결과가 담긴 그 책은 반복적인 독서를 통해 그야말로 내 세포 속으로 스며들었다. 토플러의 견해에서도 읽히듯이 이제 보이는 부(돈, 석유)에 집중하는 시대는 끝났다. 앞으로는 보이지 않는 부(지식, 정보, 아이디어)가 세상을 지배할 것이다. 이 말에 확신을 얻어 독서경영과 인문학 강의를 하는 지금의 내가 만들어졌다고 봐도 과언이 아닐 것이다.

한국에 왔을 때 세미나에서 앨빈 토플러는 말했다. 자신이 미래학자가 될 수 있었던 배경은 두 가지라고. 책 읽는 기계라고 할 만큼 책을 많이 읽었고, 전 세계를 다니면서 길거리 공부를 많이 했다는 것이다.

공부하면 떠오르는 민족이 있다. 바로 유대인이다. 토플러 역시 유대인이다. 그들에게 학습은 곧 종교다. 2000여 년 동안 나라 없이 떠돌아다니며 살면서 겪은 설움과 절박함은 그들을 더욱 강하게 만들었다. 지식과 정보에 철저히 공부하고 준비하는 인문학적 감성이 오늘의 그들을 만들었다.

미래가 불안하고 앞이 안 보일 때, 좋은 처방은 역시 인문학이다. 인문학을 알면 사랑하게 되고 사랑하면 빠지게 되고 빠지면 행복해진다. 행복해지고 싶은가? 그렇다면 인문학이란 바탕에 삶의 뿌리를 튼튼히 내리자.

경제 혼란의 세찬 바람에도 쓰러지지 않고, 예상치 못했던 위기의 블랙 스완의 출현에도 결국 살아남아야 한다. 그 강력한 도구는 바로 인간 삶의 뿌리가 터를 잡고 있는 인문학이다.

다이애나 홍

1장.

미래가
막막하다면
사기(史記)를
읽어라

비쌀 때에는 개똥같이 생각하여 팔아넘기고,
쌀 때는 주옥같이 생각하여 사들인다.

- 사마천, 《사기》〈화식열전〉중에서

사마천의 꿈에서
미래를 보다

﹒
﹒
﹒

어떻게 한 사람이 3000년 역사를 기록할 수 있단 말인가?

나름대로 독서 전문가라고 알려진 필자이지만 최근에 들어서
야 사마천司馬遷의 《사기史記》를 진지하게 읽게 됐다. 그 위대한 기
록을 그동안 얄팍하게 읽어 왔던 나 자신을 부끄럽게 생각하면
서 그야말로 푹 빠져 읽고 느끼고 배웠다. 느끼고 배우면서 감
동했고 전율했다.

《사기》의 저자인 사마천, 그는 도대체 어떤 인간일까? 천재가
아니고서 어찌 3000년 길고 긴 역사를 한 사람이 쓸 수 있단 말
인가. 100년의 역사를 쓴다고 해도, 연구하고 또 연구해도 어려
운 작업인데 그는 혼자서 3000년의 무게를 견뎠다.

이 이유 하나만으로도 사마천의 《사기》를 읽어야 할 이유는 충분하다. 무엇이 그토록 어려운 작업을 완성하게 했을까? 궁금한 내 심장은 호기심으로 가득했다.

　　나름의 연구를 통해 그가 긴 역사를 통찰할 수 있었던 배경에 사마천의 아버지 사마담이 있었다는 사실을 발견했다. 훌륭한 아버지와 집념의 아들의 환상적인 궁합이 《사기》라는 걸작을 낳은 것이다.

　　사마천의 출생 시점에 관한 설은 분분하다. 하지만 한漢 경제景帝 중원中元 5년인 기원전 145년에 태어난 것으로 보는 게 중론이다. 그의 자는 자장子長으로 용문龍門, 지금의 산시성陝西省 한청시韓城市 출신이다. 사마천은 태어날 때부터 역사란 주제와 친숙할 수밖에 없었다. 그의 아버지 사마담司馬談이 한漢 무제武帝 때 사관인 태사령太史令에 임명된 역사가였기 때문이다.

　　태사령으로 근무하던 사마담은 중국의 역사를 제대로 저술한 책이 없다는 것을 알고 무척 안타까워했다. 특히 사실이 아닌 주관에서 비롯한 잘못된 기록이 많다는 문제의식을 느꼈다. 그런 까닭에 사마담은 객관적인 기준에 맞춰 차근차근 자료를 모으기 시작했고, 이를 검증하기 위해 현장 답사까지 다녔다. 이때 아들 사마천이 함께했다. 그는 아버지와 함께하면서 수많은 유적지를 여행할 수 있었다. 아버지가 받들었던 황로黃老 사상의 영향을 받아 성장하면서 천문과 지리, 음양의 원리 등을 어깨너머로 배우기도 했다.

그때부터 《사기》 집필은 사실상 시작됐다고 봐도 과언이 아니다.

독서가 눈으로 읽는 책이라면, 여행은 가슴으로 읽는 최고의 책이다. '백문이 불여일견'이란 말이 있듯이. 아버지의 대를 이어 한나라의 국립도서관장 격으로 활약했던 사마천은 3000년에 걸친 중국의 파란만장한 역사를 그 속에서 피고 졌던 숱한 인물의 생애와 함께 기록으로 남긴다. 역사가들은 이런 과정에서 태어난 《사기》를 절대 역사서라 부른다.

《사기》는 12편의 본기, 10편의 표, 8편의 서, 30편의 세가, 그리고 70편의 열전으로 이루어져 합하여 한자漢字로 52만 6500자다. 무려 130권에 달하는 방대한 분량이다. 집필 기간만도 10년이 넘는다. 사마천이 40대 초반에 집필을 시작해 쉰다섯에 완성했기 때문이다. 사마천 전문가인 김영수 교수는 《사기》를 빅데이터에 비유한다. 그야말로 3000년 시공간을 초월한 역사와 인간의 행적이 한마디로 하면 빅데이터라는 것이다. 그는 또 《사기》를 인간사에 대한 고농도 압축파일이라고도 표현했다. 정말 딱 맞는 말이다. 읽고 또 읽으면 진정 나는 어떻게 살아야 할 것인가 하는 문제의 답이 보일 수밖에 없다.

21세기 초강대국으로 부상하고 있는 중국을 제대로 알고 싶다면 반드시 읽어야 할 책도 바로 《사기》다. 원만한 비즈니스를 하려면 상식의 폭이 넓어야 한다. 때문에 중국이 힘을 쏟고 있는 '소프트파워 전략'의 진원지인 《사기》를 무시할 수 없는 게 현실이다.

중국 사람들이 입만 열면 인용하는 인물들이 모두 《사기》에 나오는 인물이고, 고사성어의 25퍼센트가 《사기》에 출처가 있다. 중국을 이해하고 공략하기 위해서는 반드시 이 책 정도는 읽어야 한다는 사실을 보여 준다.

그러나 이런 차원을 넘어 근본적으로 사업은 사람이 하는 것이고, 사람을 알아야 사업도 성공한다. 사람의 심리를 알고 싶다면 《사기》를 읽어야 한다. 왜냐하면 《사기》에 나오는 등장인물만 해도 4000여 명이나 되기 때문이다. 이를 통해 자기 자신도 비춰볼 수 있다.

김영수 교수도 이렇게 말한다.

"사기를 읽어 보라. 세 종류의 인간 유형을 만나게 된다. 첫째, 내가 존경하는 사람이다. 둘째, 내가 아주 증오하는 사람이다. 셋째, 나와 똑같은 사람이다."

중국을 이해하려면, 중국인을 알아야 하고 중국인의 DNA에는 《사기》가 담겨 있다.

　중국 사람들이 입만 열면 《사기》의 인물을 인용하고 고사성어의 4분의 1이 《사기》에서 비롯됐다는 사실은 우리에게 기회의 시장인 중국을 이해하기 위해 시사하는 바가 크다.

절대고독은
명작을 남긴다

．
．
．

　한 사람이 어떻게 해서 이토록 대단한 불후의 명작을 남겼을
까? 사람은 힘든 일을 겪고 그것을 이겨낼수록 포부가 더욱 커
진다. 억울한 일을 많이 겪을수록 그릇이 커지고 포부도 더욱 자
라난다.

　사마천의 인생에 대해 조사하면서 가장 감동이었던 부분이
바로 궁형 사건에 얽힌 이야기였다. 친구의 우정을 중요하게 생
각한 사마천은 친구를 대변하다가 사형에 처할 위기를 맞는다.

　천한天漢 2년(기원전 99년) 한나라의 장수 이릉李陵이 군대를 이끌
고 흉노와 싸우다가 적에게 투항하는 사건이 발생했다. 사마천
의 친구이기도 했던 이릉 장군은 5000명의 보병을 이끌면서 8

만의 흉노족 기병대에 포위된 상태에서도 한동안 기세를 꺾지 않았다. 그때까지만 해도 한 무제를 둘러싼 신하들은 침이 마르도록 그를 칭찬했다. 문제는 힘에 부친 이릉이 결국 흉노족에게 투항한 뒤였다. 이를 두고 한 무제가 화를 내자 분위기가 바뀌었다. 사마천은 칭찬일색이던 신하들이 황제의 기분에 말을 바꾸는 꼴이 한심했다. 견디지 못한 사마천은 적극 이릉을 변호하고 나선다. 그러자 황제의 분노는 사마천으로 옮겨 왔다. 결국 우정의 대가로 얻게 된 건 사형선고였다.

당시 그가 선택할 수 있었던 길은 세 가지였다. 첫째는 법에 따라 주살되는 것이었고 둘째는 돈 오십만 전을 내고 죽음을 면하는 방안이었다. 마지막이 생식기를 담보로 하는 궁형이었다. 돈이 없는 사마천은 선택의 여지가 없었다.

예나 지금이나 돈은 어찌 보면 생명과 직결된다. 돈이 있으면 사람이 모여들고, 돈이 없으면 사람이 떠나가는 것은 동서고금을 막론하고 보편적이었던 것일까. 어찌됐건 그의 선택은 우리가 알고 있다시피 마지막 선택이었다. 그에게 5년 전부터 써 오던 《사기》를 완성하지 못하는 것은 죽음보다 힘든 선택이었다. 목숨만이라도 부지하여 위대한 역사서를 완성하고자 했던 부친의 유지를 받들기로 선택한 것이다.

궁형 이후 사마천은 치욕스러운 10년의 세월을 보낸 뒤 결국

50만 자가 넘는 대작, 《사기》를 완성한다.

궁형 선고를 받고 그는 참으로 혹독한 마음고생을 했다. 그 당시 의술이 발달되지 않았기에 궁형을 당하다가 과연 생명에 지장이 없을지, 더욱이나 국소마취도 하지 않고 거세 작업을 눈뜨고 바라보아야 하는 끔찍함을 어찌 견딜 것인가? 만약 형벌 중에 죽는다면 자신의 억울함과 《사기》를 완성하지 못한다는 울분이 몰아닥쳐 가슴을 쳤을 것이다.

사마천은 궁형 이후 오로지 역사를 기록하는 일에 삶의 의미를 두었다. 친구 임안에게 보낸 편지에서 '만일 이 역사서를 완성하여 영원히 전하고 유포하는 일이 가능하다면 그때야말로 내가 받았던 치욕을 보상받는 것이다'라고 자신의 심경을 토로했다. 어떤 시련도 그의 열정을 막을 수 없었다.

그는 '초고를 다 쓰기도 전에 이런 화를 당했지만 작업이 완성되지 못할 것을 안타까이 여긴 까닭에 극형을 당하고도 부끄러워할 줄 몰랐던 것'이라고 서술했다. 선비의 굴욕을 불후의 사서로 승화시킨 위대한 역사가의 울분에 찬 절규라고 할 수 있겠다.

환관이 된 후, 그는 낮에는 주어진 업무를 보고 밤에는 날마다 글을 써 내려갔다.

궁형의 처절한 고통을 체험한 사마천은 한 무제에 대한 원망을 문장 문장에 은근히 드러냈다. 그는 인간에 대한 깊이 있는 탐색을 통해 역사란 결코 왕후장상에 의해서만 이루어지지 않는다는 점을 분명히 했다. 그는 절체절명의 고독한 순간이 온다면, 그것은 하늘이 특별히 뜻한 바가 있어서 그렇다는 사실을 역사가 말해 준다.

그러고 보니 40대 후반에 《주역》에 입문한 공자 역시 나그네 신세였다는 사실이 떠오른다. 세상사의 이치에 통달한 성인으로 여겨지는 공자도 인생 후반에는 나그네를 뛰어넘어 '상갓집 개'로 불릴 만큼 고단한 인생을 살았다. 당시 그는 그야말로 상갓집 개처럼 정해진 거처도 없이 떠돌아다니면서 힘겨운 시절을 보냈다. 그 운명을 받아들였기에 공자가 존재했다.

세상에서 외면당한 고독은 걸작은 만든다. 좌구명左丘明은 장님이 되고부터 《국어國語》를 만들었고, 주나라 문왕은 감옥에 갇혔을 때 《주역周易》을 썼다. 손자는 다리를 잘리고 나서야 《손자병법孫子兵法》을 탄생시켰다.

절대고독, 그것은 불후의 명작을 만들라는 신의 특별한 신호인지도 모른다. 절대 역사서가 어찌 영혼을 태우는 처절한 고통 없이 탄생할 수 있겠는가.

한 우물을
깊게 파라

.
.
.

공자의 《논어》는 씹으면 씹을수록 맛있다. 서재에 많은 책이 꽂혀 있는 것이 중요한 게 아니라, 좋은 책을 여러 번 반복해서 읽을수록 진정한 독서의 정수를 맛보는 것이다. 사마천의 《사기》도 이렇게 읽어야 진면목을 느낄 수 있다.

이 책은 푹 빠지면 헤어 나올 수 없게 한다. 무슨 매력이 있기에 책 속에 빠져 허우적거리게 만드는 걸까. 생각해 보니, 그 매력은 사마천이라는 한 사람의 깊이다. 한 사람이 한 우물을 깊게 파서 그 속에서 헤어나기가 어려운 것이다. 그럼에도 수십 년을 이 책에 빠져 사는 건 보통 사람으로선 거의 불가능할 것이다. 이런 의미에서 30여 년을 한결같이 《사기》라는 텍스트에 몰두해

온 김영수 작가가 놀랍다. 김 작가와 같은 저자를 만날 때마다 나는 마음의 큰절을 올린다.

사마천과 관련된 책과 자료를 찾아보면서 그의 이력에 진정으로 존경심을 느꼈다. 그가 있었기에 내가 사마천에 대해 좀 더 깊게 공부할 수 있는 좋은 기회를 누렸다. 그를 책에서나마 만나게 된 인연은 참으로 고마운 일이었다.

그러나 여기에 만족할 수는 없었다. 좀 더《사기》에 대해 공부하고 싶어 그가 매주 목요일 이른 아침에 진행하는 '사마천의 인간탐구-때를 기다린 사람들'이란 이름의 강의를 들었다. 직접 담소도 나누었다. 우리나라에《사기》연구가는 그렇게 많지 않다. 역사교육학을 전공한 그는 중국의 역사를 재미있게 풀어내는 재주까지 지녔다.

김영수 작가는 한국정신문화연구원에서 고대 한중 관계사로 석사 및 박사 과정을 수료하고, 중국소진학회 초빙이사, 중국사마천학회 회원이며, 전前 영산원불교대학교 교수를 역임했다. 지난 30년 동안 중국을 130여 차례 다니며 중국사의 현장과 연구를 접목해 그 성과를 대중과 나누는 남다른 영역을 개척한 인물이다. 특히 사마천과《사기》를 심도 있게 연구하고 있다. 2015년에 들어서는 한국사마천학회를 설립하기도 했다. 그는《사기》를 완역하는 작업을 넘어 중국이 우리에게 갖는 의미를 탐색해 보는 일도 계획하고 있다고 한다.

사마천이 《사기》란 책을 완성하기 위해 평생을 보냈듯이, 평생을 한 분야에 올인all-in하는 것은 그 자체로 위대한 일이다. 무엇인가에 몰입하고 몰두하고 집중하면 시간은 금세 지나간다. 그런 세월의 농축액이 굳어질 때까지 올인하면 비로소 한 분야에 별이 되는 것이다.

　　《로마인 이야기》로 유명한 시오노 나나미 작가 역시 한 우물을 깊게 팠다.

　　1937년 도쿄에서 태어난 그녀는 유명한 로마사 전문가다. 그녀는 고등학교 시절 호메로스의 일리아드를 처음 읽고 유럽의 신화와 역사에 매료되었다. 1963년 가쿠슈인대학교에서 철학과를 졸업한 시오노 나나미는 졸업 후 다시 유럽에 관심을 돌렸다. 그래서 졸업 직후 향한 곳이 이탈리아였다. 그곳에서 공부하는 동안 그녀는 누구도 시키지 않은 공부를 했다. 독학으로 르네상스와 로마 역사를 분석해 나름의 방식대로 이해한 것이다. 《로마인 이야기》는 이런 그녀가 재창조한 위대한 세계다.

　　그녀는 자신이 진정으로 좋아하고 호기심이 발동하면 독학으로 공부해 한 세계를 만들어 갈 수 있다는 사실을 자신의 삶으로 보여 준다. 시오노 나나미는 이탈리아뿐만 아니라 유럽 전역, 북아프리카와 소아시아의 광범위한 지역을 여행하기도 했다. 그러나 평생 집중해 공부한 분야는 이탈리아였다.

서양 문명의 모태인 고대 로마와 르네상스의 역사 현장을 발로 취재하며 30년이 넘는 세월 동안 로마의 역사에 빠져 지냈다. 그러했기에 기존의 관념을 파괴하는 작품이 나올 수 있었다. 역사를 논리적이면서도 파격적으로 해석하는 능력은 웬만한 내공으로는 불가능하다. 그녀는 남들과 다른 독특한 역사 해석과 소설적 상상력을 뛰어넘는 놀라운 필력으로 수많은 독자들을 사로잡았다. 덕분에 사람들은 로마의 고대사를 쉽게 접할 수 있게 됐다. 웬만한 사람이면 다 아는 스테디셀러《로마인 이야기》시리즈는 한 우물을 깊게 판 나나미 여사의 올인정신 덕분에 탄생한 것이다.

인간답게
산다는 것

．
．
．

선비는 자신을 알아주는 사람을 위해서 목숨을 바치고, (士爲知己者死)
여인은 자신을 사랑해 주는 사람을 위해서 화장을 한다. (女爲說己者容)
내가 모시는 사람을 두 마음을 갖고 모셔서는 안 된다. (不懷二心事君)

중국의 진나라 때 예양豫讓이라는 선비가 한 말이다. 그는 처음
에 범씨范氏와 중행씨中行를 섬겼으나 말단에서만 맴돌았다. 이후
지백智伯이라는 중신을 만나 높은 자리에 올랐다. 그런데 지백은
치열한 권력 싸움에서 조양자趙襄子에게 죽임을 당하고 만다. 주
인을 잃은 예양은 복수를 다짐한다.

"선비는 자기를 알아주는 사람을 위해서 죽고 여자는 자기를

예뻐해 주는 남자를 위해 단장한다. 나는 선비로서 반드시 주군의 복수를 하고 말리라!"

예양은 이름을 바꾸고 화장실 인부로 변장한 후 조양자 집에 숨어들었다. 화장실에 가려던 조양자는 왠지 모를 살기에 가슴이 서늘하여 곁에서 일하던 인부를 잡아서 문초했다. 그는 칼을 품은 예양이었다. 조양자도 보통 사람은 아니었다. 목을 치려는 부하들에게 "이 사람은 정의로운 사람이다. 내가 조심해야지"라고 말하며 예양을 그대로 살려 보냈다.

예양은 포기하지 않았다. 이번에는 몸에 옻칠을 하고, 수염과 눈썹을 밀어 버리고 숯을 먹어 목소리도 쉬게 한 다음 문둥병자로 변장했다. 그의 아내도 몰라볼 정도로 외모를 바꾼 것이다. 그리고 다시 조양자를 노렸다.

어느 날 조양자가 외출을 하는데 다리 위에서 말이 놀라 껑충 뛰었다. 살기 때문이라고 짐작한 조양자가 부하들을 풀어 주변을 수색해 보니 과연 예양이 붙잡혔다.

참을성 있던 조양자도 이번에는 화가 나서 예양을 꾸짖었다.

"너는 옛날에 다른 중신들을 섬기지 않았느냐? 그들을 죽인 것은 지백이다. 그런데 너는 그들의 원수를 갚기는커녕 그 원수의 신하가 되어 나를 노리다니 이치에 안 맞지 않은가?"

그러자 예양이 말했다.

"내가 범씨와 중행씨를 섬기기는 했지만 그들은 나를 보통 정도로 대했다. 그러나 지백은 나를 선비로 대접해 주었다. 그러므로 나는 선비로서 그 은혜에 보답하려는 것이다."

조양자는 그 말을 듣고 탄식했다.

"그대 뜻은 가상하지만, 더 이상은 어쩔 수가 없구나!"

자신의 운명을 알아차린 예양은 조양자에게 마지막으로 청을 올렸다.

"당신은 나를 한 번 용서해 줌으로 천하의 인심을 얻었다. 나도 얻을 게 있다. 내가 죽을 때 은혜를 아는 선비로서 당신의 옷이라도 베고 최후를 맞이하고 싶다. 들어주겠는가?"

의기에 감동한 조양자는 입고 있던 전포를 벗어 주었다. 예양은 칼을 뽑아 그 옷을 세 번 베고 "이것으로 지백의 은혜에 보답했다"고 외친다. 그리고 그 자리에서 의연히 자결했다.

이 이야기는 《사기》에 등장하며 사람 사이에 믿음과 신뢰에 대해 다시 생각하게 하는 대목이다. 사람은 나를 알아주는 사람에게 목숨까지 바칠 수 있다. 그런데 사람을 믿는다는 것은 속임수와 이기심이 판치는 세태에 쉽지 않은 일이다. 내가 상대에게 잘 해준다고 상대가 나한테 잘 해주리라는 보장이 없다. 이런 분위기에서는 오히려 배신당하기가 쉽다는 생각에 마음을 쉽게 열지 못한다.

하지만 우리가 어떻게 유구한 역사를 딛고 여기까지 왔는지를 생각해 보자. 인간만큼 약한 동물은 없다. 거친 환경에서 살아남기 위해서는 함께 살아가려는 자세가 필요하다. 생물학적으로만 따지고 든다면 강자만이 살아남아 유전자를 존속시키는 게 이치에 합당하다. 그러나 인간에 대한 탐구를 하는 인문학의 견해는 다르다. 사람 사이의 신뢰와 협동이야말로 인간을 인간답게 하면서 인류를 존속시키는 힘이다. 예양은 죽었지만 예양의 정신만은 오늘까지 이어져 오는 이유가 여기에 있다.

밑바닥에서 익힌
통치술

⋮

《사기》〈화식열전_{貨殖列傳}〉을 보면 이런 말이 나온다.

"비쌀 때에는 개똥같이 생각하여 팔아넘기고, 쌀 때는 주옥같이 생각하여 사들인다(貴出如糞土, 賤取如珠玉)."

나는 이 말에서 중국의 위대한 정치가이자 혁명가인 덩샤오핑_{鄧小平}을 떠올린다. 근대 중국의 역사상 '실리'하면 생각나는 인물이기 때문이다.

덩샤오핑은 '검은 고양이든 하얀 고양이든 쥐만 잡으면 된다'는 흑묘백묘론_{黑猫白猫論}과 '아랫목이 따뜻해지면 윗목도 자연스럽게 따뜻해진다'는 논리의 선부론_{先富論}을 내세워 중국의 변화를 몰고 왔다. 오늘날 경제대국인 중국을 만든 주인공이라고 할 수 있다. 그는 추상적인 관념에 크게 개의치 않았다. 사회주의냐, 자본주의냐가 중요하지 않다고 강조한 그는 오직 국가적인 실리를 높이는 데 역량을 쏟았다. 그는 자주 중국이 나아가야 할 길은 단순한 이념과 도덕 논쟁이 아님을 강조했다. 이런 생각을 바탕으로 기존에는 멀리했던 자본주의까지 과감히 수용했다. 그는 "고양이는 쥐만 잘 잡으면 그뿐, 그 색깔이 희건 검건 상관하지 않는다(不管黑猫白猫, 能捉老鼠的就是好猫)"는 말로 중국식 실용주의 철학을 공공연하게 천명했다. 이런 철학을 바탕으로 중국은 눈부신 경제성장 궤도를 질주하게 된다.

중국인들에게 위대한 정치가라고 하면 쑨원孫文(1866~1925), 마오쩌둥毛澤東(1893~1976), 덩샤오핑 등 세 명이 꼽힌다.

'쑨원은 중국 국민을 깨닫게 했고, 마오쩌둥은 중국 국민을 일어나게 했다. 덩샤오핑은 중국 국민을 부유하게 만들었다.'

이렇게 인물들의 삶을 기리고 있는 것이다.

덩샤오핑은 1997년, 향년 93세를 일기로 세상을 떠났다. 근대 중국 역사 속 빛나는 별이 된 그는 무장투쟁부터 마오쩌둥과 대장정을 함께한 중국 공산당의 핵심 인물이기도 하다. 열여섯 살이 되던 해인 1918년, 프랑스로 유학을 떠난 그는 그곳에서 평생의 신념으로 삼은 칼 마르크스Karl Heinrich Marx(1818~1883)의 사상을 알게 됐다. 1921~1924년에는 파리에서 공산주의 운동에 참여했고, 이후 1927년부터 중국에서 공산당 지하운동에 참여했다. 1933년부터는 마오쩌둥이 주도한 대장정에 참여했다.

그는 생전에 이렇게 말했다.

"정치는 큰 바다 속의 파도와 같다. 사람들은 파도 위에 있을 때도 있으나 때로는 파도 밑에 깔리기도 한다."

"내 인생에서 여러 차례의 치명타를 견디어 낼 수 있었던 이유는 바로 내가 낙관주의자여서 쉽게 실망하지 않았기 때문이다."

덩샤오핑의 딸 덩린鄧林은 아버지에 관한 전기를 쓰기 위해 인터뷰한 사람들이 공통적으로 언급한 부분을 두 가지로 말한다. 바로 낙천인 성격과 유머다. 삶의 밑바닥까지 내려갔던 덩샤오핑은 어떤 상황이든 웃음을 잃지 않았다. 격의 없는 소탈한 태도와 뛰어난 유머 감각으로 그는 동료들로부터 깊은 사랑을 받았다. 그를 취재했던 언론인, 해리슨 솔즈베리 Harrison Evans Salisbury 는 그에 대해 이렇게 평한다.

"덩샤오핑은 결코 위대한 국가 지도자처럼 보이지 않았다. 마치 우리 가운데 평범한 한 사람 같았다."

덩샤오핑은 문화혁명 시기 자본주의 추종자로 몰리며 한때 권력을 잃었다.

본인의 몰락보다 더 가슴 아팠던 것은 가족들의 고통이었다.

아들과 딸들은 자본주의에 물든 독재자의 자식이라는 낙인이 찍힌 채 위기에 몰렸다. 특히 장남은 홍위병에 의해 방사능에 오염된 실험실에 갇히는 신세가 됐다. 아들은 그곳에서 탈출하려고 4층에서 뛰어내리다 척추를 다치면서 평생 불구가 됐다.

덩샤오핑은 공장 일과 가사를 병행해야 했다. 늙은 유모나 병약한 아내가 처리하지 못한 일들을 도맡아한 것이다. 장남을 목욕시키고 척추 마사지를 해주는 일 역시 그의 몫이었다. 장남은 그 시절의 아버지를 이렇게 회고한다.

"비로소 나는 아버지가 오로지 정치에만 관심을 갖는 다른 지도자들과는 다르다는 점을 알게 됐다. 한 명의 진실한 인간이라는 사실을 깨닫게 되었다."

이들의 가족애는 지금 우리가 봐도 무척 눈물겹다.

덩샤오핑은 어떤 상황에 놓여 있건 매일 마당을 40바퀴씩 돌면서 체력을 단련했다. 동시에 밤늦게까지 독서에 몰두했다. 대표적인 게 중국 역사 7000년의 공식 기록인 '이십사사二十四史'였다. 이십사사란 중국에서 정사로 인정받는《사기》등 24종의 역사서를 통칭하는 말이다.

고통 속에서 역사를 읽고 사색하며 보낸 3년 4개월간의 유배 기간 동안 덩샤오핑만의 리더십과 통치술이 완성됐다고 봐도 과언이 아니다. 흑묘백묘론으로 상징되는 중국 개혁 개방의 사상적 토대가 역사 고전에서 나온 것이다. 그중에서도 덩샤오핑의 통치술의 뿌리는 특히 사마천의 《사기》에 있었다.

덩샤오핑은 1989년 11월 9일 은퇴했다. 은퇴 후에도 그는 건강한 삶을 살았다. 한겨울에도 냉수마찰을 하고 수영을 즐겼으며, 지인들과 카드놀이하는 것을 좋아했다. 손자들이 서재 책상 밑에서 뛰어노는 소리를 들으며 책을 읽었고, 그가 사랑했던 인민들과 함께 자신을 닮은 나무를 끊임없이 심었다. 그는 대가족이 모인 집 안에서 식구들이 바라보는 가운데 평화롭게 눈을 감았다.

우리가 역사를 읽는 이유는 과거를 통해 미래를 보고, 역사 속의 인물을 통해 내가 나아가야 할 길을 찾을 수 있기 때문이다. 덩샤오핑의 일생을 요약한 유명한 말이 바로 '삼상삼하三上三下'다. 세 번이나 숙청과 실각을 당해 아래로 내려갔지만, 그때마다 '불굴의 정신'으로 그 치욕과 고통의 상황을 극복하고 끝내 다시 올라왔다는 것을 의미한다.

마오쩌둥이 건설혁명을 일으켰다면 덩샤오핑은 문화혁명으로 대표된다. 이런 그는 지독한 독서광이었고, 책을 통해 통치술을 익혔다.

자신에 대해서는 엄격했고, 원대한 목표를 이루기 위해 뚜렷한 목표를 세워 자신의 길을 걸었다. 고난을 거치며 자신을 더욱 강하게 만들었다.

아시아에서 제일 오래된 문명을 가진 나라, 중국. 중국을 만든 역사 속의 영웅들은 한결같이 고난의 길을 걸었다. 그 길은 생명의 위협을 느낄 만큼 살벌했고 삶에 대한 욕망이 뜨겁고 치열했다.

덩샤오핑의 경제개발 단계라고 할 수 있는 3보주(三步走)는 다음과 같다.

첫째, 국민이 따뜻하게 입고 배부르게 먹는 문제를 해결하는 것(溫飽)이다.

둘째, 인민의 생활수준을 중산층 이상으로 끌어올리는 것(小康)이다.

셋째는 최종적인 단계로서 풍요롭게 사는 세상을 실현하는 것(大同)이다.

예나 지금이나, 나라의 주인공은 국민이다. 정치가라면 국민이 행복할 때 진정한 지도자로 성공한다. 기업에서는 직원들이 행복할 때 진정한 사장으로 성공하는 것이다.

2장.

광기와
열정 사이에
놓인
예술혼

우리는 《머지》와 《제르미날》을 읽은 사람이다.
농부를 그린다면 우리가 읽은 작품이
우리의 일부가 되었다는 것을
보여 주고 싶구나.

- 빈센트 반 고흐가 동생 테오에게 보낸 편지 중에서

미쳐야
경지에 미친다

:

세상은 미친 사람들에 의해 만들어진다.

미친 사람들은 한 시대의 커다란 획을 긋는 불후의 명작을 남긴다. 그들의 절박한 열정이 있었기에 우리는 더 좋은 세상을 살아가는 것이다. 노력은 즐기는 것을 이길 수 없고, 즐기는 것은 미쳐 빠져드는 것을 이길 수 없다. 한 분야에 미쳐 있는 상태는 이미 무언가 창조가 일어나고 있는 것이다. 소리 없이 강한 명작이 만들어지는 시간이다.

특히 빈센트 반 고흐Vincent van Gogh의 광기는 뜨겁게 달아오르는 예술혼의 경지다. 그는 살아생전 미치광이라고 통했다. 다른 사람들에게는 물론 가장 가까운 가족들에게도 멸시를 당했다.

왜 가족들조차 그를 무시했을까? 우리는 대부분 눈에 보이는 것만으로 사람을 평가한다. 반 고흐의 가족 역시, 그가 그린 작품이 인기도 없고 팔리지도 않으니까 그를 인정하지 않고 무시했다. 그가 그린 작품은 생애 한 작품만 팔렸다. 그것도 허름한 술집에서 말이다. 그러니 가족들에게 얼마나 미움을 받았을까 미루어 짐작이 된다. 하지만 세월이 흘러 진가는 세상에 드러났다. 반 고흐 동생의 아들인 조카가 후대에 작품성을 전 세계에 알리면서다. 이렇게 알려진 명작은 세월이 지나면 지날수록 그 가치가 더욱 빛난다.

화가 카미유 피사로Camille Pissarro는 이렇게 말했다고 전해진다.

"이 남자는 미치게 되거나, 아니면 시대를 앞서게 될 것이다."

여기서 이 남자는 빈센트 반 고흐를 말한다.

그의 인생에 대해 궁금하다면 영화 〈반 고흐: 위대한 유산〉를 보면 참고가 된다. 영화는 그림을 시작할 때부터 생을 마감하는 순간까지의 반 고흐의 이야기를 보여 준다.

여기에 인상적인 장면이 나온다.

친한 친구인 고갱과의 말다툼으로 상처를 받은 고흐는 감정을 억제하지 못하고 급기야 자신의 귀를 잘라 고흐에게 전하려고 한다. 영화에 자신의 귀를 자르는 참혹한 장면을 보았을 때 나는 심장이 파르르 떨릴 정도였다. 마치 내 귀가 잘리는 것처럼, 무의적으로 내 귀를 꽉 잡았다. 얼마나 무서운 사람인가? 온통 피범벅이 되어 계단에 굴러 넘어지는 그 순간 고흐의 심정은 과연 어떠했을까?

미치광이 고흐는 시대를 앞서갔다.

미쳤다는 말은 단순히 정신병을 앓고 귀를 잘랐다는 의미에 한정되지 않는다. 뜨겁게 차오르는 열정적인 예술혼의 경지를 의미하기도 한다.

1890년 7월 어느 날, 밀밭에서 총성이 울린다.

우울증과 같은 정신병에 시달리던 고흐가 스스로의 가슴에 총을 쏜 것이다. 그는 강가에 산책을 나갔다가 아이들이 가지고 있던 총을 빼앗아 스스로에게 총을 겨누었다. 그 모습을 보았을 때, 나는 무의식적으로 "안 돼!" 하고 소리치고 싶었다. 왜 그렇게 꿈을 이루지도 못한 채, 삶을 끝내야 했을까? 안타까움을 넘어 슬픔, 절망, 분노의 감정이 일어났다.

고갱과 말다툼 끝에 자신의 귀를 잘라 버린 고흐의 행동은 누가 봐도 평범하지 않다. 현대를 살아가는 우리들에게 고흐가 '미치광이 천재 화가'의 이미지로 남는 건 이 때문이리라. 1903년에 들어서야 그의 작품들이 각광 받기 시작했다. 살아생전에는 비극의 화가, 괴팍한 화가, 불운의 화가였다. 정신병까지 앓던 그는 "인간이

란 살아있는 그 자체가 고통이다"라는 말을 남기고 서른일곱 젊디
젊은 나이에 생을 마감했다.

2000여 대작 가운데 살아생전 단 한 작품밖에 팔지 못했지만,
그럼에도 그가 붓을 놓지 못한 이유가 무엇일까. 고독하고 절박한
그의 삶 속으로 깊숙이 들어가 보면 화가이기 이전에 인간 고흐의
모습이 보이기 시작한다.

인간 고흐는 누가 뭐래도 자신의 꿈을 이루고 싶어 했던 사람이
었다. 당장은 남들이 알아주지 않더라도 끓어오르는 예술혼을 주
체하지 못했다. 그러면서 언젠가 자신의 그림이 쓰인 물감 값보다
더 많은 가치가 있다는 것을 알게 될 날이 올 것이라고 확신했다.

사람은 자신의 소신에 확신을 갖는 순간 열정적으로 변한다.

무르익은 꿈은 마침내 튼튼한 열매로 보답한다.

사람마다 인생의 절정기가 있다. 짧은 인생을 살다간 고흐는
오베르 쉬르 와즈에 머문 70일 동안 뛰어난 그림을 많이 남겼다.
짧은 기간을 고려하면 그 수는 매우 놀랍다. 두 달이 조금 넘는 기
간 동안 그는 놀랄 만한 속도로 그림을 그려 평균 하루에 한 작품
씩 완성했다. 이 시기에 그가 남긴 걸작으로는 〈오베르 쉬르 와즈
의 교회〉, 〈의사 가셰의 초상〉 그리고 숨 막히도록 근사한 〈밀밭〉
연작 등이 있다.

반 고흐는 건강 상태가 최상이었을지라도 자신이 정한 몇몇 규칙을 엄격하게 지키며 작업을 했다. 여기에는 철저한 자기관리가 뒷받침됐다. 누구보다 일찍 잠자리에 들었고 술을 적게 마셨으며 정해진 시간에 식사를 했다. 그에게 최고의 적은 고독감이었다. 그 고독을 달래기 위해 많은 시간을 걷는 것에 할애했다. 걸으면 고독이 치유되고 마음의 에너지를 얻었다. 이런 걷기 습관은 육체적인 건강 유지에도 많은 도움을 주었다.

오늘날 이러한 고흐를 뿌리로 삼아 살아가는 사람이 있다.

현대차그룹의 협력사를 운영하는 김용범 이씨스 회장이 그렇다. 창립 이후 회사는 큰 어려움을 겪지 않고 지속적으로 성장해 왔다. 지나친 욕심을 부리지 않았기 때문이다. 큰 성장보다 천천히 조금씩 성장해 나가겠다는 게 그의 철학이다. 그를 뒷걸음치지 않고 앞으로 나아가게 한 원동력은 무엇일까?

서울대 공부모임의 회원인 김 회장은 누구보다 열정적이다. 그야말로 고흐의 광기가 연상되는 삶을 살고 있다. 오죽하면 가까운 사람들이 그를 '또라이'라고까지 부를까.

얼마 전 김 회장에게서 한 통의 전화를 받았다. 내가 연재하고 있는 '다이애나 홍의 독서향기'에 실린 빈센트 반 고흐 이야기를 읽고, 떨리는 가슴을 주체할 수 없어 연락을 했다고 한다. 그의 첫

마디는 이랬다.

"아, 다이애나 홍 원장님, 빈센트 반 고흐는 내 영혼의 주인공입니다. 그가 아니었다면 지금의 나는 없었을 것입니다. 오늘 반 고흐에 대한 이야기를 다시 접하니 감사하고 감동받아 전화를 했습니다. 고독이 고흐에게 최고의 적이었다고 하는데 저도 마찬가지였습니다. 고흐가 고독을 달래기 위해 걷고 또 걸었듯이, 저 또한 매일 걷으며 마음을 닦습니다."

참으로 멋진 CEO다.

목소리에서 그의 진정성이 강력하게 전해졌다.

진심은 솔직함에서 온다고 했을까? 그와 빈센트 반 고흐의 삶이 겹쳐지면서 삶의 뿌리라는 것에 대해 다시 생각하게 됐다. 반 고흐를 몰랐다면 고독감에만 젖어 있었을지 모르는 김 회장의 운명을 바뀌게 한 것은 바로 고흐식의 미쳐 버림이었다.

젊은 시절 김 회장은 미치지 않으면 살 수 없을 만큼 팍팍한 삶을 살았다.

중학생 시절, 선배들이 농고 졸업 후 농사일을 하고 있는 모습을 보고 저렇게는 살 수 없다는 생각을 한 그는 새벽에 무작정 집을 도망쳐 나왔다.

그에게는 초등학교 졸업장이 전부였다. 이런 그가 생업 전선에서 할 수 있는 것은 오직 공장에 가서 일하는 것이었다. 기술을 배워서 돈을 버는 것 말이다. 그에게 기술은 곧 생존이었다.

그는 기술을 배우는 데 모든 정성을 바쳤다. 독서를 통해 알게 된 반 고흐는 젊은 시절 무일푼으로 절박한 삶을 살고 있던 그의 피를 끓게 했고 미치게 만들었다. 그렇다. 어떤 분야에서 독보적인 존재가 되기 위해서는 정성을 바치는 것으로는 부족하다. 미쳐야 한다. 한 분야에서 성공한 많은 사람들은 미쳐 버림의 경지에 이른 사람들이다. 무엇을 하든, 어떤 것을 하든, 미쳐야 이루어진다.

초등학교 졸업장이 전부였던 그는 중고등학교를 검정고시로 거쳐, 끝내 대학도 졸업했다. 학습 열정은 거기에서 멈추지 않았다. 최고위 과정을 열 곳 이상 다니면서 끊임없이 경영 철학을 업데이트했다.

이러한 그가 무섭게 몰입해서 세운 회사가 2005년에 설립된 이씨스다. 차량용 IT 전장부품 전문 업체로, 최근 차량용 전장산업 내에서 새로운 개척 분야로 떠오르고 있는 텔레매틱스Telematics, 지능형 교통 시스템ITS(Intelligent Transportation Systems)등 통신과 결합된 전장부품을 제조·판매하고 있다.

현대·기아자동차의 주요 협력사 중에 하나인 이씨스는 모든 통신기술에 대응이 가능할 정도로 뛰어난 기술력을 보유한 통신 전장 전문 업체다. 주력 제품으로 일체형 하이패스 단말기, 현대·기아차의 블루링크, 모젠, 오토큐 등에 활용되는 통신기술 기반의 텔레매틱스 모듈, 4세대 블루투스-와이파이 통합모듈 등이 있다.

기술개발에만 100억 원가량을 투자하며 무에서 유를 만들어 가는 그의 무서운 집념은 선택과 몰입, 그리고 끊임없는 학구열에서 나온다. 실제로 김 회장은 《논어》에서 말하는 공자의 메시지를 구구단 외우듯 줄줄 읊어댈 정도다. 그야말로 몸에 체화된 공부를 하고 있는 것이다.

지독한 책읽기로
작품에 영혼을 불어넣다

⋮

영혼의 불꽃이 타오르듯 고흐의 작품 세계는 그의 일생 동안 뜨겁게 타올랐다.

이런 뜨거운 작품 세계는 우리 영혼을 뒤흔들어 놓는다. 감동의 명화들을 남긴 화가 빈센트 반 고흐의 열정 뒤에 숨겨진 예술의 원천은 무엇이었을까?

나중에 알게 된 사실이지만 불후의 명작 뒤에는 지독한 책읽기가 있었다. 그는 장르를 넘나드는 책읽기에서 영감을 얻었고, 그 영감은 작품 세계에 그대로 드러났다. 책에서의 영감이 작품에 영혼을 불어넣은 것이다. 명작이 탄생되기까지 고흐는 홀로 낮은 자세로 공부에 임했다.

반 고흐는 정규학교를 7, 8년밖에 다니지 못했다. 이런 그가 지성과 감성을 겸비할 수 있었던 비결은 지독한 책읽기 덕분이었다.

《독학자 반 고흐가 사랑한 책》을 집필한 박홍규 교수는 반 고흐와 사랑에 푹 빠져 있는 전문가다. 고흐와 관련한 책을 많이 집필했는데, 어릴 적부터 고흐와 관련한 책을 많이 읽은 게 바탕이 됐다. 특히 고흐 전기를 읽고 크게 감동받았다고 한다. 저자로서 박홍규 교수의 뿌리는 단연 빈센트 반 고흐다. 건강한 뿌리는 나무를 잘 자라게 하고 열매도 알차게 맺게 한다. 그래서 인문학적인 가치가 높은 수많은 글을 쓸 수 있었을 것이다.

반 고흐의 독서 방식은 평범하지 않았다. 그는 읽었던 책 내용을 동생에게 편지글로 다시 쓰는 식의 이른바 '전달 독서'를 했다. 필자가 책을 읽고 혼자 알고 있기 아까워서 지인들에게 '다이애나 홍의 독서향기' 형식으로 글을 보내는 것처럼 말이다. 혼자 읽는 것으로 그치면 기억에 오래가지 못하는데 동생 테오Theo Van Gogh 에게 전달 독서를 함으로써 진짜 독서를 한 셈이다. 편지의 일부분을 살펴보자.

나는 빅토르 위고의 《레미제라블》을 읽고 있다. 오래전에 읽었지만 다시 읽고픈 책이다. 작품은 정말로 아름답다. 특히 미리엘 주교한테서 기품과 숭고함을 느낀다.
— 1883년 3월 29일경 또는 4월 1일

우린《대지》와《제르미날》을 읽은 사람이다.

농부를 그린다면 우리가 읽은 작품이 우리의 일부가 되었다는 것을 보여 주고 싶구나.

— 1888년 8월 18일

만일 네가 지금 그림을 탐구하고자 하는 사람을 인정할 수 있다면, 책을 사랑하는 건 렘브란트를 사랑하는 것과 마찬가지로 신성하다고 봐도 좋지 않을까. 그 둘은 서로 보완하는 관계라고 생각한다.

— 1880년 7월

반 고흐가 사랑한 책들은 장르를 넘나든다. 종교철학 분야에서는《성경》은 물론《천로역정》과《그리스도를 본받아》,《나의 종교》등을 즐겨 읽었다. 시인 키츠, 롱펠로, 휘트먼, 하이네, 셰익스피어부터 프랑스 작가 미슐레, 빅토르 위고, 에밀 졸라의 시나 문학 작품들도 그가 사랑하는 종류다. 발자크, 모파상, 도데 그리고 영미 작가 칼라일, 엘리엇, 디킨스와 스토의 책도 고흐의 삶에서 논하지 않을 수가 없다. 분야를 막론하고 참으로 다양한 독서력이다.

그림 속의 책들은 단순한 소재가 아니다. 제목을 묘사할 만큼 감명 깊게 읽은 책은 마치 내용을 기록하듯이 그렸다. 언제나 낮은 곳을 지향한 그의 인생을 보는 듯, 책으로 접한 불우한 인생과 현실에도 마음을 열어 책에서 깨달은 대로 살았다. 그에게 책은 학교이자 최고의 선생이었다. 평생 마음의 스승으로 모신 밀레 Jean François Millet(1814~1875)를 만난 것도 책을 통해서였다.

고흐는 평생 밀레를 스승으로 삼았다. 고흐의 뿌리가 밀레에 있음을 알 수 있다. 동생 테오에게 보낸 편지에는 밀레 이야기가 자주 나온다. 밀레를 최초로 언급한 것은 1873년 런던의 화랑에서 벌이를 할 때다. 다음해 편지에서도 고흐는 밀레의 〈만종〉을 격찬했다. 1880년 8월경 그는 성직자의 길을 포기하고, 화가가 되겠다는 일념으로 그림을 그리기 시작했다. 그는 〈만종〉을 비롯한 밀레 작품들을 모방하며 자연과 농민을 성실히 그렸다. 그러나 화가의 길을 아버지가 반대하면서 고통스러운 시간을 보내야 했다. 사촌 케이를 사랑하는 것도 뜻대로 되지 않아 심적 고통은 이루 말할 수 없었다. 그러다가 1882년 3월 헤이그에서 《장 프랑수아 밀레의 삶과 예술》을 읽고 용기를 얻었다.

너는 밀레의 작품에 무관심한 일반인의 편견이 예술가들은 물론 그런 그림을 팔아야 하는 사람들도 의기소침하게 만든다고 했어. 전적으로 동의한다. 그런데 밀레 자신도 그런 분위기를 충분히 알고 있었다. 상시에의 책을 읽다가 밀레가 그림을 그리기 시작하면서 한 말에 감동을 받았다. 글자 그대로 기억하지는 못하고 그 뜻만 생각나는데, "그런 무관심은 내가 비싼 구두나 신사의 생활을 필요로 한다면 나쁘겠지만 나는 나막신을 신고 어떻게든 살아갈 것이다"라는 말이었다. 정말 그렇게 되었지.

— 1885년 4월 13일

우리가 고흐 작품에서 특별한 감동을 느끼는 건 고흐가 진실로 낮은 자세로 책을 읽고 공부한 태도에서 나오는 내공 때문이 아닐까? 그가 보인 삶의 태도는 세상을 감동시키는 예술을 낳고 궁극에는 세상을 바꾸는 힘이 됐다. 영혼이 출렁이는 빈센트 반 고흐의 예술 세계 뒤에는 이렇게 지독한 책읽기가 있었다.

앞서 반 고흐를 삶의 뿌리로 삼았다고 언급한 김 회장 역시 지독한 독서광이다. '독서향기'를 보내면 때때로 답장을 보내 주는데, 글에서 읽히는 그의 독서력은 가히 짐작도 안 된다. 문장 문장에서 품어져 나오는 어휘 선택에서 그동안 얼마나 많은 독서를 했는지 쉬이 알 수 있다. 그는 책으로 경영의 지혜를 얻고, 리더의 자세를 배우고, 인간관계의 따뜻한 배려를 실천하는 전정한 경영인이다.

그의 심장을 뛰게 한 책은 《혁신의 느린 걸음》이다. 이 책은 "뛰어난 신기술과 편리한 신상품이 제대로 시장에서 발붙이지 못하는 상황을 어떻게 설명해야 하는가?"라는 의문에서 출발하여, 마침내 혁신을 성공적으로 시장에 도입하는 구체적인 전략과 전술을 제시한다.

또한 상호 연결된 시장에 혁신적인 제품이나 아이디어가 진입할 때 작용하는 다양한 요소들을 치밀하게 분석하고 있다. 혁신이 성공하려면 이 균형 상태를 뒤흔들고, 그 자리에 신제품이나 신기술을 끼워 넣어 새로운 균형 상태를 만들어야 한다. 여기서 핵심은 원하는 최종 판세를 상상하고, 거기에서부터 거꾸로 '각 개인들'이 선택하는 네트워크를 움직이는 것이다. 이는 혁신의 성공을 위해 꼭 필요한 것이다.

읽고 있으니, 심장이 뛰었고, 무언가 보이기 시작했고, 알 수 없는 힘이 불끈 느껴졌다고 한다. 그야말로 눈으로 읽는 것이 아니고, 머리도 아니고, 가슴으로, 아니 뜨거운 가슴으로 읽고 또 읽었다는 것이다.

《혁신의 느린 걸음》은 앞으로 본격적인 기업 성장에서 혁신이 그 힘을 아낌없이 발휘할 것이라고 힘주어 말한다.

자기계발서 중에 가장 감동적인 책은 《난쟁이 피터》라고 한다. 주인공 피터는 왜 그렇게 작은 난쟁이로 태어났을까? 본인의 선택과는 상관없이, 누군들 예쁘고 키 큰 선남선녀로 태어나고 싶지 않았을까? 삶에 애초부터 주어진 조건은 거부하려 할수록 힘들어지는 법이다. 피터도 결국 분노조절장애까지 겪게 된다. 하지만 그는 키가 작아서, 못생겨서, 못 배워서, 집이 가난해서, 남들보다 못했기 때문에 키 작은 영웅이 되었다. 마음의 시선을 돌리자 분노와 놀림으로부터 도망친 곳, 그곳이 기적을 만드는 장소였다. 그곳은 바로 도서관이었다. 피터에게 도서관은 놀리는 사람도 없고 시비 거는 사람도 없는 그만의 천국이자 아지트였다. 도서관에서 만난 책과 사람들의 도움을 통해 난쟁이 택시기사는 하버드 법대를 졸업하고 변호사가 된다.

변호사가 된 난쟁이 피터는 노숙자들에게 무료법률상담을 하며 아름다운 삶을 나눈다. 이처럼 책이라는 것은 삶이 힘든 사람들에게 주어진 마법의 보약과 같다. 목적이 없는 사람에게 목적을, 행복하지 않는 사람에게 행복을, 사랑하지 않는 사람에게 사랑이 세포 속으로 스며들게 하는 마법의 힘을 가졌다.

인류 역사의 많은 장면 속에서 지독한 가난, 팍팍한 삶의 연속, 실패와 또 실패의 절망의 늪에 빠진 사람들을 잡아 준 것은 단연 책이었다. 가난했던 화가 반 고흐에게, 절망의 늪에서 고뇌하던 회장에게, 책은 영혼을 춤추게 하고 그들의 가슴을 뜨겁게 달구었다. 반 고흐는 가난과 절망이 이끈 지독한 책읽기를 통해 진정한 명작을 남겼다.

작품 속에 빛나는
자유로운 영혼

:
:

김 회장은 고흐의 그림을 누구보다 아낀다. 그중에서도 단연 〈해바라기〉, 〈별이 빛나는 밤〉, 〈올리브나무숲〉이다.

특히 〈별이 빛나는 밤〉을 통해 자신의 삶에 있어 별은 무엇인지를 고민했다고 한다. 그만의 특별한 그림 감상법이다. 그에게 별은 가장 중요한 세 가지 요소의 상징이다. 첫 번째는 현재 자신과 살고 있는 가족이며, 두 번째는 자신이 키우고 있는 기업이며, 마지막 하나는 자기 자신이다.

반 고흐는 "별을 보는 것은 언제나 나를 꿈꾸게 한다"고 했다. 김 회장은 "그대는 별이 되십시오. 저는 그 별이 밤하늘에 반짝반짝 빛날 수 있도록 어둠이 되고 싶습니다"는 말을 사랑한다. 그는 〈별이 빛나는 밤〉을 보며 가족과 직원들, 그리고 자신의 행복한 별을 빛나게 하기 위해 스스로 어둠이 되겠다는 꿈을 꾸었다.

고흐에게 밤하늘은 사실 무한함을 표현하는 상징물이다.

이 밤하늘이 나오는 〈별이 빛나는 밤〉은 고흐가 인생의 마지막 1년 동안 정신병과 싸우며 그린 작품이다. 공동생활을 하고 있던 고갱과 다투다가 자기 귀를 자른 고흐는 아를의 병원에서 퇴원한 후 간혹 정신 발작을 일으켰다. "나에게 주어진 미치광이 역할을 그대로 받아들이겠다"고 선포한 그는 1889년 5월 아를에서 가까운 생레미의 정신병원에 입원했다. 그럼에도 그해 7월과 12월에도 발작을 되풀이했다. 이 그림은 그 발작 사이에 그린 작품이다.

정신병원 안 병동과 바깥 사이에는 철창이 세워져 있다. 창 너머에 거리와 빛나는 별, 그리고 하늘이 보인다. 별들은 심장의 고동처럼 스스로의 빛을 변화시키고 있고 그 배경인 하늘이 소용돌이친다. 빛의 소용돌이다. 살아 움직이는 하늘의 음악은 자연의 내면에 접속한 사람만이 느낄 수 있는 신비감을 선사한다. 고흐가 철창 밖의 시선에서 마주한 건 이렇게 조용하면서도 힘이 넘치는 신비한 밤이다.

그는 반복적이고 거친 붓 터치로 빛나는 별을 강조했다. 소용돌이치는 하늘의 모습은 불에 타오르는 나무의 모습과 닮았다. 회오리바람처럼 표현된 하늘은 불안한 황홀감을 느끼게 한다. 별이 반짝이는 밤하늘이 무조건 아름다우리라는 예상을 깬다. 고흐는 고요함 속에 소용돌이치는 외로움을 별과 하늘의 절묘한 조화를 통해 표현하고 있는 건 아닐까?

비록 몸은 병원에 갇혀 있었지만 그의 영혼마저 가두지는 못했다. 밤하늘의 별들을 타고 우주공간을 춤추고 있었던 것이다. 자유로운 영혼에게 물리적 제약은 중요하지 않았다. 예술이란 제한된 삶에 있어 영혼이 울부짖는 울림이다. 이런 영혼의 울림이 없지 않고서는 명작이 탄생될 수는 없다.

지금 이 순간, 우리의 영혼은 잠자고 있지 않은가? 자유롭게 춤추는 영혼이 명작을 만들 듯, 빛나는 영혼을 위해 상상의 날개를 펼쳐 밤하늘 별들에게 속삭이자. 나는 너를 아낌없이 사랑한다고.

사랑하는 사람은
늙지 않는다

．
．
．

톨스토이는 그의 작품 제목이기도 한 질문을 던진다.

"사람은 무엇으로 사는가?"

이 질문에 그는 스스로 이렇게 답한다.

"사람은 '사랑'으로 산다."

사랑은 일종의 에너지다. 그 에너지로 우리는 일을 하고, 먼 길, 가시밭길도 지치지 않고 걸을 수 있다.

사랑으로 몰입하고, 사랑의 눈으로 세상을 볼 때, 행복은 스스로 찾아온다.

고흐에게 사랑은 무엇이었을까?

고흐에게 여자와의 사랑은 결국 이루어질 수 없도록 운명 지어진 고통스러운 이야기였다.

그러나 그는 열심히 사랑했다. 오직 사랑, 그 자체를 위해. 사랑은 그의 전부였다. 고흐는 끊임없이 사랑하고 실패하면서 모든 연인을 그림으로 남긴다.

1884년 평생 이루지 못할 짝사랑만 할 것 같은 고흐에게 자신을 열렬하게 사랑하는 한 여인이 다가왔다. 그녀는 이웃에 사는 열 살 연상의 아르호트 베게만이었다. 그녀는 고흐가 그림을 그리는 곳을 종종 따라다녔고, 그에게 점점 빠져들게 되었다. 고흐는 그녀를 열정적으로 사랑하지는 않았지만 결혼을 결심한다. 하지만 곧 부모의 반대에 부딪힌다. 베게만은 고흐가 부모 반대를 무릅쓰고 결혼할 만큼 자신을 사랑하지 않음을 깨닫고 자살을 시도한다. 그녀는 죽을 만큼 고흐를 사랑했던 것이다.

고흐에게 사랑의 화살은 늘 비켜갔다. 많은 사랑이 다가왔고, 또 떠나갔다. 그 속에서 사랑의 고통을 그림으로 승화시킬 수 있는 열정이 고흐의 가슴에 이글거리고 있었다.

창녀인 시앵이란 여인을 사랑하는 된 고흐는 그녀를 화폭에 담고, 그 아래 프랑스의 철학자 미슐레의 책 한 구절을 옮겨 적었다.

'어떻게 여성이 지상에 버려져 홀로 있을 수 있는가?'

'사랑을 하고 있는 한 늙은 여자란 없다'는 말이 있다. 고흐는 사랑만이 인류를 구원할 수 있으며 법보다 우선된다는 메시지를 그림을 통해 세상에 전한다.

고흐는 인류를 사랑하는 사람이었다. 누구를 만나도 사회적인
지위에 연연하지 않았다. 그는 중산층에서 태어났으나 사회 최하
층의 사람들에게 많은 관심을 가졌다. 이런 탓에 권위적인 성격의
성직자였던 아버지와 마찰도 잦았다. 아버지는 낮은 계층의 사람
들을 만나는 아들을 이해하지 못했고, 고흐는 그런 아버지가 성직
자의 자질이 없다고 비난했다.

그가 사랑했던 사람들은 그림에 직접적인 영향을 끼쳤다. 그의
그림은 그가 머물던 장소, 당시에 사랑했던 사람들과 주위 환경에
따라 변화했다. 그중에서도 핵심은 사람이었다. 빈센트 반 고흐는
사람들과 교류하면서 발전하는 인물이었기 때문이다.

누구에게나 만남은 삶을 변화시킨다.

어떤 사람을 만나느냐가 내가 어떤 사람이 되는지를 결정하는
것이다. 남녀 사이 연인의 만남은 운명을 바꾸기도 한다. 반 고흐
의 삶에 대한 책과 영화, 뮤지컬을 보면서 나름대로 그의 삶에 큰
영향을 준 인물들을 세 명 뽑아 본 적이 있다. 1882년 헤이그에서
만난 시앵, 1888년 아를의 노란 집에서 고흐와 함께 생활한 고갱,
그리고 그와 항상 함께했던 고흐의 남동생 테오가 그 주인공들이
다. 그들과의 좋았던 감정은 물론 갈등까지 모두 그의 작품에 드
러난다. 사랑의 황홀함과 이별의 아픔은 그의 작품 세계를 한 단

계 승화시켰다.

누가 봐도 고흐의 그림은 아름답다.

하지만 그 탄생 과정이 모두 아름답지는 않았다. 그가 대가로 불릴 수 있는 것은 이런 과정 때문이다. 고흐는 아름답지 않은 것들을 모아서 아름다운 본질로 만들어 냈고, 목적지에 도달시켰다. 마침내 우리의 영혼을 위로하는 그림을 완성했다.

정신병으로 고생했던 고흐는 평범하지 않았기 때문에 남다른 예술의 경지에 올랐다. 학교를 제대로 다니지 못했기에 지독하게 독서를 했다. 현실의 제약을 뛰어넘으려고 했기에 자유로운 영혼일 수 있었다. 현실의 고통을 벗어나 끝없는 미지의 세계를 넘나들었던 것이다.

사업은 제한된 자원으로 새로운 것을 만들어 낸다는 점에서 예술과 공통점이 많다.

고흐를 삶의 뿌리로 삼아 살아가는 김 회장도 고흐처럼 쉽지 않은 삶을 살았다. 작고 초라한 회사를 창업한 직후 갈팡질팡하던 시절이 특히 고생스러웠다. 현실에서 벗어나는 길은 오직 미치는 것뿐이었다. 자신이 하는 일과 주위 사람들을 미친 듯이 사랑하기로 결심한 것이다. 그렇게 뜨거워진 열정이 누구보다 탄탄한 지금의 회사를 탄생시켰다. 반 고흐는 예술가로서 미쳐 예술인의 경지에 올랐고, 김 회장은 사업에 미쳐 시장의 고지에 승리의 깃발을 꽂았다.

그는 이렇게 말한다.

"고흐의 죽음은 인정받지 못한 비극적인 결말이 아니다. 목적지에 도착하니 더 이상 나아갈 곳이 없어 걸음을 멈춘 것이다. 그래서 내게 고흐는 짧지만 충실한 삶을 살았던 행복한 사람이다."

고흐 스스로는 평생을 외롭게 살았고 경제적으로 무능력했다. 하지만 그럴 수밖에 없는 이유가 있었다고 생각된다. 인간에 대한 너무나도 따뜻한 마음을 가지고 있었기 때문이 아닐까.

우울했던 그의 삶은 서른일곱에 비극적으로 짧게 끝났지만, 인간에 대한 따뜻한 시선은 그의 작품에 그대로 녹아난다. 그의 작품은 앞으로도 영원히 빛날 것이다. 밤하늘의 빛나는 별처럼.

✉ 고흐가 남긴 명언

"나는 나의 그림을 그리는 꿈을 꾸었고, 그림을 그리고 난 후 나의 꿈을 그리게 되었다."

"위대한 성과는 소소한 일들이 모여 점차 이루어진 것이다."

"확신을 가져라. 아니 확신에 차 있는 것처럼 행동하라. 그러면 차츰 진짜 확신이 생기게 된다."

"그릴 수 없다는 목소리가 들려와도 계속 꿋꿋이 그리면 그 목소리는 이내 사라진다."

3장.

감동하고
사랑하고
전율하다

경험을 현명하게 사용한다면,
어떤 일도 시간 낭비는 아니다.

- 오귀스트 로댕

무엇을 생각하며
꿈꾸고 있는가

누가 뭐래도 고독은 성장의 힘이다.

오귀스트 로댕François Auguste René Rodin의 역작 〈생각하는 사람〉
은 우리에게 참다운 예술가의 고독을 온몸으로 보여 준다. 그는
누구보다 용감한 사람이었다. 혼자 고립되는 것을 두려워하지 않
았다. 아이로니컬하게도 시간이 흘러도 로댕을 찾는 사람은 늘어
만 간다. 나도 그중 한 명이다.

얼마 전 로댕 박물관을 다녀왔다. 그가 작품에서 전하는 메시
지는 과연 무엇일까? 눈부시게 아름다운 넓은 초록 정원에 떡하
니 턱을 괴고 생각하는 자태로 앉아 있는 한 남자의 모습. 단테의
《신곡》을 모티브로 한다고는 하지만 로댕만의 특별한 철학을 표

현한 듯하다. 이렇게 생각하니 잠시 숙연해진다. 그는 과연 무엇을 생각하고 무엇을 꿈꾸는 것일까?

　박물관에 여행을 온 사람들은 마치 로댕이라도 된 양 양턱을 괴고 〈생각하는 사람〉의 자태를 흉내 낸다. 그곳에 가면 의례적으로 취하는 모습들이다. 재미 삼아 사진을 찍기 위해 하는 일시적인 행동일까? 그래도 좋다. 작품이 어떤 형태이든 사람들에게 삶의 활력소를 주었다는 의미일 것이다.

　등을 구부린 채 손등으로 턱을 바쳐 깊은 생각에 빠진 육체의 뇌에서는 무슨 일이 벌어지고 있을까? 그의 시선은 어디를 향해 있는 걸까? 그의 알몸에 드러난 삶의 진실은 무엇일까?

　　벌거벗고 바위에 앉아, 발은 밑에 모으고, 주먹은 입가에 대고 그는 꿈을 꾼다. 이제 더 이상 그는 몽상가가 아니라 창조자가 되는 것이다.

　로댕이 직접 밝힌 〈생각하는 사람〉의 의미다.

　〈생각하는 사람〉은 고뇌하는 주체이자 창조자로서의 인간이다. 지성과 의지로 세상을 변화시키고자 하는 '근대적 인간'의 모습이다. 데카르트가 "나는 생각한다. 고로 존재한다"라고 말한 철학적 대전제를 시각적으로 구현한 게 이 작품이라고 할 수 있다.

　로댕은 참다운 예술가의 정형을 온몸으로, 아니 그의 삶 전체로 보여 준다. 그는 사람들이 정설이라고 규정지은 편견을 거부하고 위험천만함을 무릅쓴 채 자신의 생각을 표현하는 데 결코 머뭇거리지 않았다.

살아간다는 것은 사실 생각을 하는 것이다.

어떤 생각을 하는가에 따라 일의 결과가 달라지고, 그 결과가 모여 인생을 변화시킨다. 생각은 표정으로 나타나기 때문에, '인상이 바뀌면 인생이 바뀐다'라고 할 수 있다. 같은 생각을 하면 같은 표정을 계속 짓게 되고, 그것이 인상을 만든다. 그래서 좋은 인상은 좋은 생각을 많이 한 사람들이 가질 수 있는 것이다.

우리 인간은 하루에 만 가지나 생각한다고 하지만 그중 한 생각이 운명을 좌우하기도 한다.

이런 생각을 한다는 것은 인간의 권리이자 축복이다.

하지만 로댕의 〈생각하는 사람〉이 주는 메시지는 이런 특별한 생각의 범주도 넘어선다. 절대고독이 담긴 특별한 경지라고 할 수 있다.

파란 하늘이 별의 바다라면 사람의 마음은 고민의 바다다. 고독을 견디어 내는 힘이야말로 우리를 행복과 성공으로 이끌어 주는 힘이다. 혼자 있을 때의 놀라운 집중력은 예술작품이나 사업상의 결과물에서도 더욱 빛을 발하게 한다.

로댕의 작품은 얼마나 고독해 보이는가? 보는 이의 마음의 상태에 따라 그 고독의 깊이는 달라진다. 홀로 고독을 즐기는 모습은 고상한 아름다운 예술의 경지다. 그래서 수많은 사람들의 그 매력을 보기 위해 찾아오는 것이다. 로댕의 작품은 고독한 모습을 하고 있지만 그의 영혼은 자유롭게 무지개를 타고 날아다닌다.

작품이 아름다울 수 있는 것은 가식 없는 진실을 품고 있을 때 가능하다. 진실로 인간에게 다가가겠다는 의지가 보이는 게 로댕의 예술철학이다. 그는 진실을 제외한 아름다움은 있을 수 없다고 믿는다. 그가 찾는 아름다움은 특별하거나 예외적인 것이 아니라 우리가 늘 보고 있는 일상이다. 로댕은 수많은 보물들이 항상 우리 손이 닿는 곳에 있는데도 사람들은 그것을 얻으려 하지 않는 것을 안타까워했다. 가장 가까이에 있는 소중한 것들, 빛과 공기, 바람, 햇살 한 줌 그것이야말로 가장 귀중한 것임에도 불구하고 말이다.

그렇다. 로댕이 주는 메시지는 진실로 다가가라는 것이다. 이 글을 쓰고 있는 나도 그렇게 해야 한다. 진실로 독자에게 다가가야 하는 것이다. 수많은 고독한 시간 속에 홀로 보낸 이 작업실에서 나는 단어 하나하나마다 진심을 담는다. 독자의 가슴과 내 가슴의 소리를 가식 없이 나누고자 하는 것이다. 어느 시인이 '시는 심장과 심장의 대화'라고 했던 것처럼 나도 이 책을 통해 진정한 대화를 하고자 한다.

그러기 위해서 우선되어야 할 한 가지는 나 자신에게 진실로 다가가는 것이다. 내 영혼이 진실함으로 출렁일 때 진실한 글이 나오기 때문이다.

세월이 흘러도 아무 말 없는 〈생각하는 사람〉의 묵묵한 모습은 청동이라는 단순한 자연물에서 나왔다. 로댕이 그 덩어리에 생명을 불어넣은 것이다. 그의 예술은 지금도 살아 있다. 감동, 사람, 바람 그리고 로댕의 삶이 한데 엉켜 꿈틀거린다. 그의 작품을 물끄러미 응시하고 있으니 내 가슴에 그의 숨결이 느껴진다.

미술이론가인 노성두 씨가 쓴 《청동에 생명을 불어넣은 로댕》을 보면 이런 글이 나온다.

한 남자가 벼랑 끝에 웅크리고 앉아 있습니다. 그의 발끝은 나무뿌리처럼 험준한 벼랑을 움켜쥐고 있습니다. 남자와 벼랑은 한 몸이 된 듯합니다. 언제부터 이렇게 앉아 있었던 것일까요? 시간의 흐름은 그의 어깨를 흔들지 못했습니다. 역사의 세찬 바람도 그의 머리털을 흩어 놓지 못했습니다. 그는 생각에 잠겨 있습니다. 그의 생각은 천년의 우물보다 깊고 영겁의 시간보다 무겁습니다. 헤어날 수 없는 생각의 늪에 빠져서 숨소리조차 화석처럼 굳어 버렸습니다.

시간의 흐름이 그 남자의 어깨를 흔들지 못했던 것처럼, 로댕의 꿈도 그랬다. 진실을 담은 작품을 완성하겠다는 꿈 말이다. 역사의 세찬 바람이 그의 머리털을 흩어 놓지 못했듯이, 세상의 혼란스러움이 그 꿈을 행한 의지를 꺾지 못했다.

그는 언제나 최선을 다했으며, 겉포장이나 허위를 내세우지 않았다. 시대에 대한 아부도 없었다. 로댕이 만든 흉상들은 너무나 사실적이어서 당대의 사람들에게 종종 불쾌감을 주기도 했던 게 사실이다. 한 가지 분명한 것은 그럼에도 아름답다는 것이다. 그것은 다름 아닌 진심 어린 마음에서 나온다. 사람들이 그 부분에 아름다움을 느끼고 있다면 그것으로 만족한다는 로댕의 메아리가 귀전에 울린다.

감동하고 사랑하고
희구하고 전율하라

．
．
．

열등감 어린 눈으로 볼 때 로댕은 질투를 부르는 인물이다.

천재 화가이자 과학자이며 철학자였던 그는 혼란스러운 우리 인생의 지향점을 단 한 문장으로 정리한다.

사랑하고 감동하고 희구하고 전율하며 살아라!

얼마나 명쾌하고 멋지고 훌륭한 말인가.

로댕은 무엇을 사랑하고 감동하고 희구하고 전율했을까? 조각에 대한 열정일까? 작품에 대한 열의일까? 한 가지 단서가 될 수 있는 부분은 로댕 작품을 보면 인간에 대한 사랑이 작품 곳곳에 숨 쉬고 있다는 것이다. 섬세한 인간의 신체를 조각한 그의 작품을 가만히 보면 인간의 실패와 고뇌를 딛고 다시 도전하는 의지가 엿보인다. 용광로 같이 타오르는 불굴의 의지다. 인체에 담긴 잠재적인 힘을 끌어내는 그의 능력은 과연 어디서 왔을까?

천재의 능력을 타고난 로댕의 삶은 사실 순탄하지 못했다. 수많은 실패와 좌절이 함께했다. 자신의 모든 것을 쏟아내 작품을 만들었지만 자기만족은 드물었다. 그는 스스로에게 너무도 가혹했다. 완벽주의자에 가까운 집착 때문이다. 186명의 인물이 지옥의 벌을 받고 몸부림치는 모습을 형상화한 〈지옥의 문〉을 만들 때도 그랬다. 그는 영감을 얻기 위해 단테의 《신곡》을 수없이 읽으며 평생토록 인물을 고치고 새로 끼워 넣었다. 40년에 가까운 제작 기간 동안 작품을 의뢰한 프랑스 정부는 묵묵히 기다릴 수밖에 없었다. 결국 완성하지는 못했다.

치밀하고 끈질기게 작품을 구상했던 만큼 그의 예술작품에는 사람의 감정이 생생하게 살아 있다. 고통과 고뇌, 슬픔과 두려움, 사랑과 미움 등 마음속 이미지가 작품에 그대로 투영된 것이다. 이런 예술에 대한 열정이야말로 로댕이 사랑하고 감동하고 희구하고 전율하면서 살아갈 수 있는 원천이었다.

성공한 사람의 이야기에는 공통점이 있다. 무엇인가를 사랑하고 감동하고 희구하고 전율했던 결과물이 성공이었다. 우리가 다 알고 있는 아이폰iPhone이란 제품을 스티브 잡스Steve Jobs가 제품을 세상에 처음으로 선보였을 때 사람들은 제품의 감성에 열광했다. 아이폰은 단순한 기계가 아니었다. 기술력이 인문학과 융합한 세상에 없는 물건이었던 것이다. 그 물건에는 인간에 대한 무한 사랑이 담겨 있었다. 그래서 제품은 기능보다는 감동으로 우리를 전율하게 했다. 아이폰의 등장은 시장 논리로 누가 스마트폰을 먼저 세상에 내놓았느냐 하는 문제로 논의할 종류가 아니다. 인문학 정보가 가미된 하나의 예술작품이기 때문이다. 이처럼 세상에 없는 새로운 작품은 사람을 감동의 도가니로 몰아넣는다.

하나의 작품은 번뜩이는 영감으로만 탄생하는 게 아니다. 살을 깎는 노력이 뒷받침되어야 오감으로 느낄 수 있는 무언가가 만들어진다. 포기를 모르는 열정이 있어야 수준 높은 작품이 나온다.

"지치면 지는 거다. 미치면 이기는 거다."

'강남스타일'로 글로벌 스타가 된 싸이가 콘서트에서 자신의 좌우명이라며 밝힌 말이다. 그의 음악에 대한 열정도 팬들, 즉 사람에 대한 사랑에서 나온다. 여기에서 비롯된 그의 에너지에 전 세계가 열광했다. 자극의 역치가 높은 사회에서 남들보다 성공하려면 미친 사람이란 말 정도는 감수해야 한다. 끝을 볼 때까지, 자신을 탈진시킬 만큼 에너지를 쏟아부은 후 완전한 방전까지 느껴 봐야 뭔가 제대로 되어 가고 있는 것이다. 오늘이 마지막인 것처럼, 모든 것을 남김없이 쏟아낼 때, 비로소 명작도 만들어진다.

요즘 스크린 골프로 주목을 받고 있는 골프존의 김영찬 회장도 다른 사람들이 생각할 수 없는 것을 만들었다는 점에서 스티브 잡스나 로댕에 비교할 수 있다.

가끔 스크린 골프를 즐기는 나는 장비가 늘 신기하다. 어떻게 들판에서나 가능한 골프장이 실내에서 가능할까? 어쩌면 소나무 한그루, 꽃 한 송이마저도 실제와 비슷하게 만들 생각을 했을까? 아무리 생각해도 참으로 신기하기만 하다.

사업 초창기 김 회장의 골프 경험은 그리 길지 않았다. 삼성전자에 부장으로 근무하던 시절, 은퇴하기 3년 전인 1990년에야 처음으로 골프를 배웠다. 당시 미국 주재원 생활을 마치고 돌아온 동료에게 이른바 'US 스펙' 골프채를 구입하면서 새 인생이 시작됐다. 이렇게 골프채를 구한 이유는 단순히 한 푼이라도 돈을 아끼기 위해서였다.

김 회장에게 골프는 재미있지만 즐기기 어려운 스포츠였다. 다른 운동에 비해 비용이 비싸다는 문제가 있었다. 비용 문제로 김 회장은 평소 실내 연습장을 애용했지만 실제 골프장 분위기가 나지 않았다. 그래서 가끔 비싼 돈을 주고 필드에 나갔지만 이상하게 공이 잘 맞지 않았다. 그러고 보니 중소기업을 경영하는 지인들도 그에게 이런 비슷한 말을 한 적이 있었다. 필드에 나가기 전에 실제 치는 것처럼 한번 해보고 나가면 좋겠다는 것이었다. 아마추어 골퍼들의 고민에 사업의 힌트가 있었다. 문득 그의 머릿속에서 '일반 연습장과 실제 골프장 사이의 징검다리 역할을 할 만한 연습기계를 만들어 보면 어떨까?' 하는 생각이 들었다. 그렇게 시작한 사업 아이템이 골프시뮬레이터다.

아이디어를 상품화하면 금방 '대박'이란 게 날 것 같았지만 현실은 달랐다.

창업 후 2년간 매출은 거의 없었다. 직원 월급이라도 나가는 날이 돌아오면 종자돈이 줄어만 갔다. 기술 연구도 쉽지 않았다. 우울한 날이 반복됐지만 최악의 시련은 아직 오지 않았다. 수소문 끝에 만난 3차원3D 소프트웨어 벤처기업 대표를 만나기 전까지는 말이다.

명문대 출신인 그 사람은 유창한 화술로 김 회장을 알 수 없는 희망에 들뜨게 했다. 조금이라도 불안한 감정이 들다가도 그가 아무런 걱정하지 말라며 미소 지으면 마음을 추슬렀다. 결과적으로 사기였다. 6개월 동안 거금을 투자했지만 벤처기업 대표가 약속했던 화면은 구현되지 않았다. 문제가 무엇인지 자세히 알고 싶었지만 이미 대표가 잠적한 뒤였다. 마치 뒤통수를 망치로 얻어맞은 듯한 충격에 김 회장은 병원에 입원하기까지 했다.

이때 뼈저리게 느낀 것은 핵심 기술을 반드시 자기 힘으로 일구어야 한다는 점이었다. 벤처기업일수록 기술력이 곧 사업 역량이다. 이런 평범한 진리를 잊은 게 김 회장이 파악한 문제였다. 이때부터 골프존은 연구·개발R&D 인력 확보와 투자에 돈을 아끼지 않았다. 사업이 안정을 찾자, 골프존은 이후 전체 매출의 5~10퍼센트를 R&D에 투자했다. 덕분에 골프존이 현재 보유한 국내외 특허권은 161건, 현재 출원 중 건수도 150여 건이 넘는다.

골프존의 첫 제품은 2002년에 나왔다. 그때의 그 감동을 김 회장이 어찌 잊을 수 있을까? 경기도 안산의 한 연습장에서 첫 제품을 테스트했다. 그물망을 뚫고 넓은 잔디 위를 날아 하늘 높이 올랐다가 다시 페어웨이에 떨어지는 하얀 공을 보는 순간, 그는 전율했다.

김 회장의 휴대전화 뒤 번호가 재미있다. 바로 1872다. 18홀을 72타로 마친다는 의미가 담겨 있다. 이 숫자는 아마추어 골퍼들의 희망과 꿈을 상징한다. 골프 관련 사업체를 운영하는 한 남자의 멋진 의지가 엿보인다.

그는 직접 라운딩을 돌 때면 18홀을 3홀씩 6개로 나눠 꼼꼼히 분석하는 습관이 있다고 한다. 홀마다 일희일비하지 않고 실수가 있을 때는 다른 홀에서 만회한다는 의지다. 그만큼 한 방을 노리는 식의 경영은 하지 않는다. 한 걸음 한 걸음 천천히 오래 나아가는 경영 철학이 읽히는 대목이다.

사랑하고 감동하고 희구하고 전율하며 산다는 것은 세상에 없는 무언가를 창조할 때 극에 달한다. 스티브 잡스의 아이폰도, 싸이의 강남스타일도, 김영찬 회장의 골프존도 결국 온몸으로 희구하고 전율했던 결과물이다. 아이디어를 생각만 한 게 아니라 작품으로 탄생시켰다는 점에서 그들은 몽상가가 아닌 창조자들이다.

로댕이 밝힌 〈생각하는 사람〉의 의미가 다시 떠오르는 대목이다.

'벌거벗고 바위에 앉아, 발은 밑에 모으고, 주먹은 입가에 대고 그는 꿈을 꾼다. 이제 더 이상 그는 몽상가가 아니라 창조자가 되는 것이다.'

로댕의 생각하는 사람은 '근육질'이다

무엇이 우리를 꿈꾸게 하는가.

예전에는 무엇을 꿈꾸었고, 지금은 무엇을 꿈꾸는가?

바뀐 것은 무엇이며, 달라진 것은 무엇인가? 지금이라도 무엇인가를 바꾸고 싶은가?

바뀌고 달라지기 위해서는 때로 충격요법이 필요하다.

중소기업을 경영하는 신 사장의 사업은 점점 성장세에 있다. 직원들과의 호흡도 나쁘지 않고, 소통도 잘 되는 편이다. 향후 몇 년은 성장할 수 있는 준비도 되어 있다.

그러나 그에게는 해결하지 못한 숙제가 있다. 아니 반드시 해결해야 할 숙제다. 바로 건강이다. 늘어진 뱃살과 빠지는 머리카락, 높아지는 당뇨 위험 등 건강에 대한 적신호가 마음을 어지럽혔다.

나이가 들어가면서 우리 몸에는 점점 근육이 줄어든다. 근육이 줄어든 자리에는 반갑지 않은 지방이 차곡차곡 쌓인다. 피부는 늘어지고 근육은 빠지고 뱃살은 늘어나고, 그야말로 반갑지 않은 현상이다. 신 사장도 그랬다. 거울 앞에 선 모습이 언젠가부터 초라해 보였다. '아, 나의 젊은 날 근육질 몸은 어디로 갔단 말인가' 하고 절로 한숨이 나왔다.

이런 그가 로댕의 〈생각하는 사람〉을 만난 건 신선한 충격이었다. 작품에 담긴 의미는 둘째 치더라도 온통 근육질이다. 구부러진 어깨도 근육으로 단단하고, 팔뚝은 또 어떤가? 단단한 근육으로 마치 주먹으로 치면 내 주먹이 되레 튕겨 나올 것만 같다. 그 탱탱한 근육의 매력에서 빠지면 헤어나기 힘들 정도다.

필자가 참여하는 공부모임에서 로댕박물관을 다녀온 게 신 사장에게는 삶의 변화를 위한 충격요법이 됐다. 인생이 바뀌게끔 만드는 충격은 일종의 탄력, 즉 모멘텀momentum이다. 사람이 새로운 결심을 하기 위해서는 신선한 모멘텀이 있어야 한다. 로댕의 〈생각하는 사람〉을 마주한 이후 신 사장은 건강한 육체의 가치와 아름다움을 깨달았다. 곧바로 스스로의 몸을 관리하기 시작했다. 결심을 잊지 않기 위해 〈생각하는 사람〉 모양의 조각상부터 구했다.

그리곤 회사에 출근하자마자 조각상에 입맞춤을 하고, 퇴근하면서 쓰다듬었다고 한다. 자신의 의지를 다잡으면서 몸짱이 된 자신의 미래 모습을 조각상에 겹쳐 보는 일종의 의식이다. 운동을 시작하고 몇 개월이 흐른 지금 조각을 바라보는 그의 얼굴에 조용한 미소가 흐른다. 마치 승자의 미소랄까.

〈생각하는 사람〉의 모델은 단테나 로댕 자신이었을 것이라고 추정된다. 실제 누구였는지는 중요하지 않다.

그는 조각상의 모델을 로댕으로 규정하고 지향적으로 삼았다. 로댕의 근육을 반드시 만들고야 말겠다는 야심찬 계획을 세웠다. 자그마치 2년 프로젝트다. 2년 후 자신의 모습을 상상하는 일은 너무나 즐거운 일이었다. 심지어 로댕의 〈생각하는 사람〉의 얼굴에 자신의 얼굴을 바꾸어 놓기도 했다. 성공한 사업가다운 재미있는 발상이다.

신 사장을 보면 아무리 바빠도 운동할 시간이 없다는 건 게으른 사람들의 핑계로 보인다.

건강을 잃으면 모든 것을 잃는다. 진정한 프로 기업가는 기업 성장보다 중요한 것이 건강임을 잊지 않고 있다. 나아가 젊었을 때 백년을 쓸 몸을 만들라는 말을 실제로 실천한다.

그는 바쁜 가운데도 새벽 시간과 저녁 시간을 적절히 활용했다. 아침에 일어나는 시간부터 바꿨다. 새벽 6시가 아닌 5시에 기상해 무조건 걸었다. 1시간을 걷는데 처음 10분은 천천히 몸을 푸는 데 할애했고, 이후엔 점점 강도를 높여 땀으로 몸이 흠뻑 젖게 빠른 걸음으로 파워워킹power walking을 했다. 그런 후 30분은 웨이트 트레이닝weight training이다. 상체와 하체, 그리고 복근 운동을 적절히 했다. 그가 '몸짱 만들기 프로젝트'를 한다는 말을 들은 나는 가만히 있을 수 없어 도움이 될 수 있는 책 한 권을 선물했다. 나역시 무척 재미있게 읽은 《텔로미어》가 그것이다.

텔로미어Telomere는 자신이 수명이 얼마나 남았는지 알려 주는 일종의 '생체시계'를 말한다. 텔로미어 길이가 길면, 수명도 길다는 것이다. 텔로미어의 길이가 충분한 동안은 건강한 세포분열이 일어나 신체가 젊고 건강한 상태로 유지된다. 그런데 이 세포분열이 일어나는 동안 텔로미어의 길이가 조금씩 짧아지고, 노화가 나타나기 시작한다. 이런 현상을 지연시키는 효소가 텔로머라이제Telomerase다. 이 효소를 통해 텔로미어의 길이를 늘이거나 유지시키면, 누구나 젊음과 건강을 유지할 수 있게 된다는 게 책의 주장이다.

그렇다면 일상에서 어떻게 텔로머라이제란 효소를 만들 수 있을까? 즐겁게 일상을 보내면서 과식하지 않고 적절히 운동을 해야 한다. 특히 근력운동과 같은 무산소無酸素 운동이 중요하다.

무산소 운동으로는 일석삼조一石三鳥 효과를 노릴 수 있다. 근력,

지구력, 근육섬유가 단련된다. 운동을 하는 동안 새로운 모세혈관이 생겨, 산소를 근육에 공급하는 능력이 향상될 뿐만 아니라 성장기 청소년에게는 성장호르몬도 생성된다. 무산소 운동은 1년 안에 효소를 25~100퍼센트 활성화시키고, 유산소 운동은 같은 기간 15~25퍼센트의 효율을 높여 준다.

신 사장은 이런 내용이 담긴 《텔로미어》를 세 번이나 반복해서 읽었다고 하면서 고마움을 전해 왔다. 나도 이 책을 통해 큰 도움을 받았기 때문에 내가 좋아하는 사람들에게 적극 추천하는 편이다. 근육을 단련시키기에 늦은 나이란 없다. 충분한 휴식과 영양 섭취는 기본이다.

사실 나이가 많다는 것은 단순히 늙어간다는 의미가 아니다. 살아온 세월만큼 지혜가 많다는 뜻도 된다. 아름다운 노년이 아닌 은퇴 후 골골대며 30년을 보내는 식의 삶은 얼마나 슬픈 일인가? 건강한 몸으로 춤추고, 노래하고, 배우며 시간을 보내는 축복의 삶이 되어야겠다.

로댕의 〈생각하는 사람〉은 신 사장에게 추상적인 감상만 선사하지 않았다. 신선한 젊음을 선물해 주었다. 늘어진 뱃살은 점점 줄어들었고, 처진 살은 어쩔 수 없다지만 작은 근육들이 탱탱해짐을 나날이 다르게 체감하고 있다.

온몸으로 근육의 아름다움을 뿜어내는 로댕의 작품을 보고 있노라면, 그 육체 안에서 어떤 일이 벌어지고 있는지 더욱 궁금해진다. 몸속의 모든 힘을 생각하는 데 쏟아붓고 있는 형상이기 때문이다. 그 집중도만큼 감상하는 이의 마음도 빨려 들어간다. 차가운 육체 안의 열정은 마치 태양 같이 이글거리며 타오른다. 어두운 밤하늘을 비추는 달처럼 밖으로 미치는 힘은 우주처럼 광대하다.

로댕의 〈생각하는 사람〉은 살아 있는 사람이 할 수 있는 전력을 다해 생각한다. 그리고 인간의 지성과 의지로 세상을 변화시키고자 한다. 조각상의 몸짱 근육은 지옥 같은 사회를 변화시켜 천국으로 만들고야 만들겠다는 불굴의 의지를 상징한다.

청동으로 된 단단한 흑색의 몸에 생각의 날개를 단 모습이다. 새하얗게 반짝이는 날개를 달고 새로운 지평선을 향해 날아갈 것만 같은 느낌이 든다.

멋진 근육질의 몸매로 점점 바뀌어 가는 신 사장은 목표 지점에 다가갈수록 희열을 느끼며, 스스로 감동하고 전율하고 있다. 계획을 세우고 꾸준히 실천한 지 1년 6개월이 지났다. 점점 줄어드는 뱃살과 늘어나는 근육량은 새로운 기쁨이다.

사실 인생에서 가장 중요한 것은 자신감이다.

이 자신감을 위해서는 몸부터 만들라는 말이 있다. 당당한 몸은 자신감의 출발점이다. 몸을 만든다는 것은 자기관리에 철저하다는 것이다. 근육이 어찌 하루아침에 만들어지겠는가? 힘든 인내의 시간이 쌓여 가면서 근육도 쌓여 가는 것이다.

인내는 쓰다. 그러나 열매는 달다.

이 말을 '헬스(근육을 만드는 일)는 쓰다. 그러나 열매는 달다'는 말로 대신해 본다.

4장.

행복은
중용의 덕을
지키는 것이다

탁월함은 꾸준한 훈련과
좋은 습관에 의해 만들어지는
하나의 예술이다.

- 아리스토텔레스

아리스토텔레스,
중용의 덕을 말하다

이 글을 쓰고 있는 나는 행복하다. 최소한 내가 글을 쓸 수 있다는 것이 감사하기 때문이다. 사실 1초라도 행복해질 수 있는 것은 지금 바로 감사하는 마음을 갖는 것이다.

행복은 무엇이며, 어디서 오는 것일까?

적어도 확실한 건 사랑의 감정과 행복이 밀접하다는 사실이다.

사랑하면 행복하고, 행복한 사람에게는 사랑의 에너지가 있다. 이 사랑의 에너지가 가치를 만들고, 목표를 만들고, 삶의 여정을 즐겁게 한다. 행복한 사람들의 공통점은 바로 가슴에 따뜻한 사랑이 있다. 일에 대한 사랑, 자신에 대한 사랑, 가족에 대한 사랑, 자연에 대한 사랑 같은 종류다.

인문학 분야의 독서를 하며 나는 행복의 뿌리를 찾아보았다. 단연 아리스토텔레스Aristoteles가 눈에 들어왔다. 아리스토텔레스는 행복의 근원을 이렇게 설명한다.

행복은 중용의 덕을 지키는 데서 온다.

여기서 중용中庸이란 게 무엇인가? 지나침도 부족함도 아닌 중심을 잘 지키는 것이다.

알맞으면서 마땅한 상태라고 할 수 있다. 비겁함과 무모함 사이에 있는 용기, 방탕함과 무감각의 중간지점에 있는 절제 등이 바로 중용의 예다. 오만과 비굴 사이에는 긍지라는 중용이 있고 무기력과 분노 사이에는 온화함이 있다.

중용을 지키기 위해서는 마땅한 시기에 마땅한 일을 하는 자세가 필요하다. 또한 마땅한 사람들에 대해서 마땅한 동기에 따라 움직여야 한다.

인간은 무엇을 위해 사는가? 소크라테스Socrates는 이성적 사유와 일치하는 삶을, 플라톤은 '좋음의 이데아'라는 지고한 가치를 추구했다. 그렇다면 그리스철학의 상속자이면서, 이들의 철학을 비판적으로 수용한 아리스토텔레스가 말한 삶의 지향점은 무엇이었을까? 다름 아닌 '행복eudaimonia한 삶'이다.

나의 경우 책을 쓸 때, 사랑하는 아들에게 꼭 해주고 싶은 이야기를 담고자 한다. 자녀가 있는 작가라면 비슷한 심정이겠지만 위대한 철학자인 아리스토텔레스 역시 예외는 아니었다. 그의 아들 니코마코스에게 들려주고자 썼던 《니코마코스 윤리학》을 보면 딱 그렇다. 그렇다고 아들만 염두에 두고 쓴 내용은 아니다. 모든 인류를 위한 행복의 진수를 담고 있다. 아버지가 아들에게 들려주는 행복은 관념적이지 않고 소박하며 간단명료하다. 모든 이야기는 행복한 삶이 인생의 목적이라는 상식에서 출발한다. 그리스어로 '행복eudaimonia'은 만족스럽게 성취감을 느끼며 활발히 활동하는 삶을 의미한다. 이 책에서 아리스토텔레스는 인간이 추구하는 최고선은 행복이며, 행복은 마음가짐이 아니라 인간의 실천이 함께 행해질 때 이루어진다고 주장한다.

아리스토텔레스가 말하는 행복에는 세 가지 조건이 있다.

첫째, 행복은 그 자체가 목적이어야 한다.

목적을 정하면 그 목적이 나를 이끌어 준다. 자연은 어떤 목적 없이는 아무것도 만들지 않았다. 자연은 정직하며, 순리에 순응한다. 곧 모든 것은 그 무엇을 위한 수단인데, 행복은 그 자체가 목적이라는 얘기다.

둘째, 행복은 활동이다.

활동했을 때 느끼는 성취감은 활동의 부산물이다. 인생은 습관의 묶음이라 했듯이 객관화와 계량화가 어려운 행복이라 해도 의지만 있으면 반복할 수 있는 명백한 활동이라고 주장한다.

셋째, 행복은 인생 전체에 걸친 활동이다.

제비 한 마리가 날아온다고 하루아침에 봄이 오지 않듯, 사람도 하루아침에 또는 단기간에 행복해지는 것은 아니다.

무엇인가를 지속적이고 반복적으로 했을 때 삶의 변화는 이루어진다. 행복한 삶은 인생 전체를 걸친 지속 가능한 삶의 특질이다. 행복은 그 자체로 좋은, 일생에 걸친 활동이라고 할 수 있다.

아리스토텔레스의 철학을 접한 후 나는 내 행복의 뿌리를 중용의 덕으로 삼고 실천하고자 노력하고 있다. 그 실천을 위한 중용은 지나치지도 모자라지도 않는 조화와 균형을 통해서 실현된다. 조화와 균형은 지나치지도 모자라지도 않는 지점에 놓여 있다. 중용은 사람으로서 마땅히 행해야 할 덕이다. 인간으로서 마땅한 인간다움이야말로 곧 인문학 연구의 본질이라고 할 수 있다.

탁월한
영혼이란

·
·
·

행복을 결정짓는 것은 무엇일까?

행복한 사람들의 공통점은 어떤 길을 가든 자신의 능력이 탁월하다고 느낀다. 탁월하다는 건 육체적인 부분의 이야기가 아니다. 영혼의 탁월성이다. 탁월성은 감정이나 능력의 영역이 아니고 품성의 문제다.

영혼은 이성을 가진 부분과 그렇지 않은 것을 포괄한다. 이성이 작동하는 영역에서 탁월성은 지적 탁월성과 성격적 탁월성으로 나뉜다. 지적 탁월성은 학습에 의해, 성격적 탁월성은 좋은 행위로 반복되는 습관에 의해 길러진다.

아리스토텔레스는 행복해지기 위해서 즐거움이나 고통에 맞선 성격적 탁월성을 키워야 한다고 말한다. 다양한 욕망과 즐거움, 고통에 대한 탐닉이나 회피 등에서 극단을 피하고 지나치거나 모자람이 없는 중용의 상태가 되어야 한다는 부연설명이다. 이런 중용적인 품성이야말로 최고의 탁월성이며 행복의 문을 여는 열쇠라고 할 수 있다.

탁월성을 갖춘 사람들은 그 누구보다도 자기 자신을 사랑한다. 자신의 삶이 욕심대로 안 풀린다고 자신을 이끌지 않는다는 이야기다. 내 안에 사랑이 있어야 타인도 사랑할 수 있다. 타인까지 끌어안으려면 훌륭한 자기애가 실천적으로 이루어져야 한다. 진정으로 자기를 사랑하기 위해서는 충분한 연습이 필요하다. 아리스토텔레스가 말하는 탁월성은 타고나는 것이 아니라 만들어지는 것이다. 충분한 연습을 통해서 말이다.

탁월함은 행복의 기둥이다. 그러니 이것 하나만큼은 내가 세계 최고라고 할 수 있는 나만의 강점을 키워야 하는 것이다. 탁월성은 자신이 하는 일을 더 잘 할 수 있도록 만들어 준다. 인류 역사상 뛰어난 천재들의 공통점은 한 분야에 몰입의 경지를 넘어 미쳐 있었다는 것이다. 그들에게는 목표를 향한 식지 않는 뜨거운 불꽃 같은 열정이 있었다.

'종오소호從吾所好'란 말처럼 내가 좋아하는 것을 쫓아가면 식지 않는 열정이 생긴다.

아인슈타인의 메모를 보면 그가 엄청난 달필임을 한눈에 알 수 있다. 그것은 아인슈타인이 다른 사람들보다 많은 양의 글을 쓰고 있었다는 뜻이다. 그의 집중적인 사색과 독특한 이론의 전개의 배경에 종이에 쓰는 메모만 있었던 게 아니다. 사고하는 주제 외에는 모든 것을 잊어버리는 깊은 사고로의 몰입이 있었다.

인간은 최상의 상태에서 행복을 느낀다. 자신이 할 수 있는 최상의 가치를 행할 때 인간은 비로소 행복을 실현하게 된다.

오직
사랑뿐

⋮

행복하고 건강한 삶에 공통점이 있을까? 저명한 정신과 의사인 조지 베일런트George Vaillant는 《행복의 조건》, 《행복의 완성》, 《행복의 비밀》등 세 권의 책을 통해 진정한 행복이 무엇인지 전한다.

그는 하버드대 졸업생을 대상으로 행복한 사람들을 연구했다.

바로 성인 평생 발달에 관한 최장기 종단연구인 〈하버드대학교 성인발달연구〉를 통해서다. 하버드대학교 연구팀은 1930년대 말에 입학한 2학년생 268명의 삶을 72년간 추적해 행복의 조건을 분석했다. 연구의 결론은 행복이란 사람의 힘으로 통제할 수 있는 행복의 조건 일곱 가지를 50대가 되기 이전에 얼마나 갖추느냐에 달려 있다는 것이다.

그가 말하는 행복의 조건 일곱 가지는 '고통에 대처하는 능력', '지속적인 교육', '안정적인 결혼 생활', '비흡연', '금주', '규칙적인 운동', '적당한 체중'이다. 베일런트 박사는 "삶에서 가장 중요한 것은 인간관계이며, 행복은 결국 사랑"이라고 덧붙인다.

아침에 일어나고 싶게 만드는 가장 중요한 요소는 무엇인가? 살아가고 일하고 어제까지 몰랐던 것을 배우기 위해서 내가 할 수 있는 모든 일을 사랑하는 것이다.

행복하기 위해서는 사랑하고, 고통을 극복하고, 감사해하며 날마다 성장하는 삶을 살아야 한다. 적절한 유머 감각도 필요하다. 또한, 배움에 호기심을 잃지 말고 친구와 친밀한 유대관계를 가지는 게 좋다. 50대 이후 인간의 삶은 40대 후반까지 만들어 놓은 인간관계가 말해 준다.

지금 당장 행복할수록 앞으로도 그럴 가능성이 크다.

베일런트 박사는 젊은 시절 좌절을 겪고 극복한 경험이 있는 사람일수록 노후에 더 행복한 삶을 산다고 말한다. 사랑받은 경험이 많을수록 노후에 그렇지 않은 사람보다 더 행복을 이끈다. 노년기의 삶은 결국, 우리가 살아가면서 경험한 사랑의 총합이라고 볼 수 있다.

'젊음은 아름답지만 노년은 찬란하다. 젊은이는 불을 보지만 나이든 사람은 불길 속의 빛을 본다'는 말이 있는데 핵심은 인고의 세월이 주는 지혜로움이 아닐까. 살아가면서 사랑했던 기억을 되살리는 것이 중요한 이유다.

그가 말하는 행복의 조건을 갖추면 행복이 어떻게 완성될지 궁금해진다. 베일런트 박사는 긍정적인 감정에 주목한다. 이 감정은 구체적으로 사랑, 희망, 기쁨, 용서, 연민, 믿음 등으로 분류된다. 사랑은 가장 경이로운 연금술이다. 진정한 사랑은 시간을 견디어 내는 것이다. 고통이 커질수록 희망도 커지고, 아픔을 극복한 기쁨이 최고의 만족을 준다. 연민은 타인의 고통을 이해하는 것이고, 믿음은 사랑의 제1의 조건이라고 할 수 있다.

그렇다면 행복이란 감정은 어떤 비밀을 갖고 있지 않을까? 행복이란 감정의 이면에는 성장하는 삶이라는 비밀이 숨어 있다. 외부환경이 아닌 자신의 생각과 느낌이 중요하다. 성장하고 있다고 생각하는 만큼 행복감도 커진다.

조지 베일런트가 말하는 행복의 비밀은 사랑에 있다.

"행복은 사랑을 통해서만 온다. 더 이상은 없다."

베일런트의 책에 나오는, 마음에 쏘옥 드는 한 문장이다. 결국 인생을 종합하면 사랑만이 남는다는 것이다.

결국 사랑이다. 연인이든, 자연이든, 일이든, 사물이든, 무엇인가를 사랑하는 삶이야말로 행복의 비밀이다. 사랑은 성장의 에너지이기 때문이다.

행복은
내 안의 별이다

KBS에서 방영된 〈행복의 비밀코드〉는 행복에 공식이 있다고
주장한다. 가진 것을 늘리거나, 원하는 것을 줄여 이미 갖고 있는
것을 즐김으로써 행복할 수 있다는 것이다.

내가 못 가진 것에 대한 부러움이나 아쉬움보다는 이미 가진 것
에 대한 감사가 더 큰 행복을 준다. 햇살 한 줌에도 얼굴에 스치
는 싱그러운 바람에도 감사할 줄 안다면 진정 행복한 사람이다.
우리는 종종 자신이 무엇을 원하는지 모른다. 내가 무엇을 원하
는지 알고, 원하는 길을 걸어가는 그 과정이 즐거울 때 우리는 행
복하다.

골프왕이 되고 싶은 골프선수에게는 골프 연습이 즐거워야 하고, 가수왕이 되고 싶은 사람은 노래 연습하는 게 즐거워야 한다. 좋은 작가가 되고 싶은 나에게는 글 쓰는 시간이 즐거워야 한다. 행복으로 가는 길은 사실 멀고 험한 가시밭길일지도 모른다. 그 힘든 길에 스스로 가치를 느끼는 순간 지루함과 고통은 즐거움으로 변한다.

매일이 행복해야 1년, 10년, 80년 행복할 수 있다.

행복은 내 손 안의 작은 새다. 행복을 찾아 떠나면 행복이 잡힐까? 바깥에서 행복이란 파랑새를 찾아 떠나면 잡기 힘들다. 행복은 마음속에 있기 때문이다.

〈꾸뻬씨의 행복여행〉이라는 영화가 떠오른다. 주인공 헥터는 파리의 정신과 의사로서 정상적인 삶을 원하는 환자들의 질문에 혼란을 느낀다.

그는 사람들이 찾는 행복이 무엇인지, 그 답을 스스로 찾고자 돌아올 날도 기약 없이 무작정 여행을 떠난다.

지구촌 곳곳의 여행지에서 만난 사람들과 함께한 장소마다 행복이란 개념은 달라진다. 중국에서는 돈으로 최고의 부유한 삶을 즐기고 있는 사람을 만난다. 겉으론 마냥 즐거워 보였지만 이내 그가 고독감에 시달리는 초라한 인간이란 걸 알게 됐다. 아내와의 이혼으로 외로움이 일상화된 것이다. 가슴 한곳에 고독을 안고 살아가는 그 부자를 보면 돈이 행복의 전부가 아니라는 사실을 깨닫게 된다. 중국의 젊은 여인과 하룻밤 연정을 나누고, 어느 뒷골목에서 느닷없이 나타난 불량배를 통해 그 여인의 진짜 직업을 알게 된 건 충격이었다. 이를 통해 헥터는 때로는 진실을 모르는 채 넘어가는 것이 행복이라는 것을 체험한다.

이후 그는 아프리카를 여행하다가 불량배에게 끌려가서 이유 없이 구타당하고 죽을 고비를 몇 번이나 넘긴다. 구사일생으로 풀려난 후 깨달은 행복의 순간은 '살아 있음'을 느낄 때였다.

그렇다. 행복은 남과 비교하지 않고, 알려지지 않은 산속을 걷는 것과 같다. 행복은 그렇게 있는 그대로 사랑받는 것, 자신이 좋아하는 것을 하는 것이다.

같은 맥락에서 최고의 행복은 사랑하는 사람을 얻었을 때이며 최고의 불행은 사랑하는 사람을 잃었을 때라고 할 수 있다.

행복감은 표정으로 드러난다. 최고로 행복한 표정은 웃는 모습이다. 웃음은 그 자체가 즐거움이요, 행복이다. 웃음은 우리 몸속의 660개 근육들 가운데 231개를 움직이게 할 만큼 탁월한 운동이다. 동시에 웃음은 암도 물리칠 만큼 신비스러운 치료제이기도 하다. 웃음은 몸속의 면역 체계를 강화시키고 엔도르핀 등의 진통 호르몬의 분비를 촉진시킨다. 그래서 웃음은 마법이다.

몇 년 전 한국웃음연구소 이요셉 소장이 진행하는 '행복여행'을 다녀왔다. 태어나서 그렇게 많이 웃어보기는 처음이었다. 나 스스로가 신이 나 2급 과정을 마치고 1급 과정도 수료했다. 프로그램이 각각 2박 3일로 진행되었는데, 지나고 보니 그때만큼 많이 웃고 많이 울었던 적이 없었던 것 같다. 웃음이 주는 가치는 돈으로 환산이 안될 만큼 큰 효과가 있다. 행복여행은 현대 의학으로 안 되는 병도 웃음으로 치료할 수 있다는 것을 배운 기회였다.

웃음만큼 일상에서 행복을 얻는 순간은 무엇을 하든 집중하고 몰입할 때다. 무아지경에 빠지면 행복해질 수밖에 없다. 자신이 하는 일에, 몰입해서 무아지경에 이르면, 그것이 곧 최고의 행복이다. 행복은 저 하늘의 별이 아니라 내 안의 별이다.

아리스토텔레스의 명언

"한 마리의 제비가 따뜻한 봄을 가져오는 것이 아니듯이, 행복한 하루나 짧은 시간이 행복을 만드는 것이 아니다."

"행복은 실천이다. 습관이다. 매 순간 탁월하게 살아야 하는 이유가 여기에 있다."

"친구란 무엇인가? 두 개의 몸에 깃든 하나의 영혼이다."

"행복이란 삶의 의미이자 목적이요, 인간 존재의 총체적 목표이자 끝이다."

"교육은 노후를 위한 최상의 양식이다."

"젊었을 때 익힌 좋은 습관은 다가올 미래의 모든 것을 아름답게 채색한다."

5장.

일은
곧
인격 수양이다

남을 위하는 마음이 비즈니스의 원점이다.
이익을 추구하고자 하는 '욕심'은 있어도 상관없다.
그러나 욕심을 이기적인 범위가 아니라
다른 사람에게도 좋은 영향을 끼칠 수 있는
'큰 욕심'을 가지고 이익을 추구해야 한다.

- 이나모리 가즈오, 《카르마 경영》 중에서

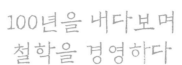

100년을 내다보며
철학을 경영하다

강의를 다니다 보면 유난히 발걸음이 신나는 기업이 있다.

이런 곳에 가면 마치 소풍가는 아이처럼 마음이 설렌다. 강의가 끝나면 마치 내 몸에 딱 맞는 보약이라도 먹은 듯 몸에 활력이 솟아난다. 참 신기한 일이다. 아니 더없이 기쁜 축복이다. 이런 기쁨을 통해 나도 인간적으로 성장하고 있는 것 같다. 사람은 일을 통해 성장하고, 일은 인격을 수양하는 것이라고 했던 이나모리 가즈오의 경영 철학을 조금이나마 실감하는 순간이다.

보약 같은 활력을 주는 기업 중에 특별히 아끼는 곳이 삼성바이오로직스다. 2011년 창립 때부터 시작된 강의는 지금도 계속되고 있다.

첫 해 강의를 갔을 때 담당을 맡은 윤 상무는 내게 이런 주문을 했다.

"홍 원장님, 인류가 존재하는 한 바이오산업은 계속됩니다. 앞으로 100년을 바라보고 강의를 해주십시오."

늘 그랬듯이 강의장에 들어서면 제일 먼저 반기는 것은 청강생들의 함성과 박수소리다.

그들은 박수로 강사를 맞이할 줄 안다. 그들 앞에 서면 기분이 들뜰 수밖에 없다. 명강의는 누가 뭐래도 청강생이 보내는 박수의 온도가 만든다. 이 회사는 박수의 온도부터 다르다. 뜨겁다 못해 끓는다. 나도 자연히 뜨거운 가슴이 끓어오르는 강의를 할 수밖에 없다.

강의 후 독서동우회 회원들과 함께 윤 상무와의 티타임 시간을 가졌다. 윤 상무는 이렇게 말했다.

"우리 회사는 세 가지를 가장 잘하는 직원을 키웁니다. 독서를 효율적으로 잘하며, 영어를 적절히 잘 구사하며, 자기 분야의 최고의 되는 전문성을 가진 인재를 기르는 것입니다."

삼성바이오로직스는 삼성그룹의 신사업팀이 2007~2010년까지 3년에 걸쳐 미래를 분석하고 철저하게 연구한 끝에 구상됐다. 특히 이재용 부회장이 많은 애착을 가지고 지원하는 회사이기도 하다.

삼성은 당시 바이오제약과 LED발광다이오드 · 의료기기 · 자동차용 전지 · 태양전지를 5대 미래성장동력, 일명 신수종 사업으로 결정했다.

삼성이 가지고 있는 제조 분야의 경쟁 우위를 바이오제약사업에 접목하고, 다시 IT 비즈니스로 차별화를 꾀하겠다는 포부다. 장수시대의 가장 중요한 이슈는 건강일 수밖에 없다. 이렇게 생각하면 바이오나 의료 분야의 엄청난 잠재력이 엿보인다. 이 잠재력에 승부를 보고자 그룹 차원에서 세운 기지가 삼성바이오로직스다.

이러한 삼성바이오로직스의 직원교육 실무를 직접 챙기는 윤 상무의 손에는 늘 책이 있다. 공자의 손에는 늘 붓이 있었고, 손자의 손에는 늘 칼이 있었다. 윤 상무의 책은 이런 모습에 비유할 수 있다. 그 가운데서도 윤 상무가 집중적으로 읽고 분석하고 연구하는 도서들은 이나모리 가즈오의 책이다.

그의 책이라면 모조리 찾아 읽고 분석하는 이유가 무엇일까.

이나모리의 경영 철학을 배우고 현장에 활용하며, 나아가 스스로 삶의 완성도를 높이기 위해서가 아닐까. 이런 그에게 삶의 뿌리는 단연 이나모리 가즈오다.

이나모리 가즈오는 살아있는 경영의 신으로 불리는 사람이다.

마쓰시타 고노스케(마쓰시타 전기그룹 창업자), 혼다 쇼 이치로(혼다자동차 창업자)와 더불어 일본의 3대 기업가 중 한 명으로 꼽힌다.

일본이 낳은 대표적인 성공 기업가인 그는 전자부품회사인 교세라의 창업자이자 그룹 명예회장이다. 스물일곱에 회사를 일군 그는 일본 벤처업계의 선구자라고 할 수 있다.

그는 일본은 물론 외국에서도 특별한 경영 철학으로 유명하다.

그의 경영 철학을 전수하기 위해 시작한 경영모임 '세이와주쿠'는 세계 55개국에 설치될 정도로 성장했다. 손정의 소프트뱅크 회장, 시게다 야쓰미쓰 히카리통신 사장이 모두 이곳 출신이다.

이런 이나모리 가즈오에게 한국은 특별한 나라다.

가족관계만 봐도 한국 농업 근대화의 아버지이자 '씨 없는 수박'으로 유명한 고故 우장춘 박사의 사위가 바로 그다. 박지성이 뛴 교토퍼플상가를 후원하기도 하여 여러 측면에서 우리나라와 뗄 수 없는 인연을 맺고 있다.

리더의 철학을 바꾸면
기업이 산다

⋮

이나모리 가즈오의 《카르마 경영》과 《아메바 경영》은 저자에
대해 몰라도 한 번쯤은 들어보았을 스테디셀러다. 삼성의 윤 상
무는 이런 대표작뿐만 아니라 비교적 최근에 나온 《왜 일하는가》,
《사장의 도리》 등도 반복해 읽고 있다. 이렇게 경영 철학으로 윤
상무의 독서 근육은 점점 단단해져 간다.

이나모리 가즈오는 마음의 힘을 강조한다.

인생은 마음에 그리는 대로 이루어진다는 그의 생각은 '카르마
경영'으로 압축된다. 카르마는 업業이라고도 하며, 생각한 것이 원
인이 되어 그 결과가 현실로 나타나는 것을 뜻한다. 즉, 인생은 마

음에 그리는 대로 이루어지는데 특히 강렬한 생각이야말로 현실화될 가능성이 가장 크다고 생각하면 된다. 이렇게 보면 좋은 생각을 한 사람에게는 좋은 인생이 펼쳐지는 게 우주의 법칙이다. 나쁜 생각을 하면 당장은 괜찮을지 모르지만 결과적으로 잘 될 리가 없다. 이런 인과응보의 법칙은 저자가 인생을 살면서 몸으로 터득한 절대법칙이다. 이나모리는 이런 카르마의 법칙이 개인뿐만 아니라 기업 운영에도 적용된다고 강조한다.

좋은 생각으로 기업 경영에 임하면 보이는 특별한 공식이 있다. 바로 '인생 성공 방정식'이다. 재능과 열정, 그리고 사고방식이 성공의 크기를 결정한다는 이야기인데 수식화하면 다음과 같다.

인생의 성공 = 재능(Ability) × 열정(Passion) × 사고방식

맨손으로 세계적인 기업을 키워낸 경영의 신, 이나모리 가즈오 회장의 경영 원칙은 어떻게 보면 단순하다. 기업에도 적용이 되는 '인생 성공 방정식' 자체가 그것이다. 이 기본 원칙이 교세라를 90년대 버블붕괴 후의 장기복합불황까지 견디어 내고 세계적인 대기업으로 키워낼 수 있게 해준 바탕이었다.

직원과 기업의 성공 방정식의 최종 값을 높이기 위해 현장에서 구현된 것이 '아메바 경영'이다.

사원 모두가 경영자가 되어 회사 경영에 참여해 불황에도 끄떡 없는 근육질 경영 체질을 만드는 활동이 아메바 경영이다. 이 아메바 경영을 현실화하기 위해서는 직원들 누구나 자신이 회사의 주인이라는 의식을 가져야 한다. 이렇게 직원들의 철학이 바꾸면 죽어가던 기업도 살아난다. 실제로 이나모리 회장이 구원투수로 투입된 일본항공JAL도 그랬다.

논어에서 배운
경천애인

.
.
.

2010년 말이었다. 일본항공 조종사와 승무원들에게 청천벽력 같은 소식이 들려온다.

자신이 해고될 수도 있다는 통지서였다. 회사 상징인 학鶴이 고상하게 그려진 핑크빛 종이에 담긴 메시지는 너무도 잔인했다.

'회사의 경영 사정으로 2011년부터 고용을 보장할 수 없습니다.'

해고 통지서를 받은 직원은 무려 165명이었다. 충격에 빠진 임직원들이 법원에 해고무효소송까지 냈지만 소용이 없었다. 누가 봐도 회사 자체가 생사를 오가는 상황이었기 때문이었다.

일본항공은 불과 수년 전만 해도 대학생 취업 희망 1순위 기업이었다. 일본을 대표하는 회사 중 하나라는 자부심에 처우도 좋았기 때문이다. 영원할 것 같던 꿈은 2010년 천문학적인 적자로 깨졌다. 부채 규모는 2조 엔, 즉 우리 돈으로 20조 원이 훌쩍 넘었다. 불행의 씨앗은 오래전부터 싹트고 있었지만 알아챈 사람들은 거의 없었다. 기업 전체가 어디로 가는지도 모르는 상황에서 내부 조직들은 사사건건 부서의 이익만 따지고 들었다. 경영진들은 관료주의가 만성화돼 정치권 눈치나 보는 신세였다. 프로젝트 결과가 잘못되면 남 탓부터 하며 누구도 책임을 지려하지 않는 문화도 문제였다. 엄청난 적자를 두고 보인 임직원들의 반응은 이미 예견된 것이었다. 자신들은 잘하고 있는데 경제 불황이란 놈이 회사를 망쳤다는 분석이다. 그야말로 무능과 무책임이 만연된 분위기. 한숨만 쉬던 정부는 해결사로 이미 나이가 여든에 가까웠던 이나모리 가즈오를 투입한다.

그의 눈에 일본항공에는 카르마 경영의 기본 토대가 없었다. 임직원들의 마음부터 비뚤어져 있었기 때문이다. 그는 취임하자마자 경영자의 의식 개혁과 기업 문화 변혁을 부르짖으며 대규모 개혁을 시작했다. 구체적인 방법론은 그가 평소 부르짖던 아메바 경영에서 나왔다.

아메바 경영의 기본 형태는 이렇다.

먼저 회사 조직을 작은 집단으로 나눈다. 5~10명으로 구성된 이른바 '아메바' 조직은 하나의 작은 회사와 같은 독립채산제로 운영된다. 평가는 냉철하다. 매달 전사차원에서 소조직의 매출, 이익, 경비 등 수치를 공개한다. 전체 조직의 경영자는 어느 조직이 어느 정도 수익을 냈는지 한눈에 파악할 수 있다. 직원 스스로는 자신이 회사 이익에 어느 정도 기여했는지 가늠하고 의지를 다잡을 수 있다.

이러한 아메바 경영의 최대 장점은 전 사원이 이익 관리에 힘쓰게 된다는 점이다. 직원들은 매출을 최대로 하면서 비용은 줄이는 노력을 하게 된다. 영업, 서비스, 재무회계 등 각 부문마다 채산성을 따지는 것이다. 이를 통해 최대의 이익이라는 전체적인 경영 목표가 달성 가능해진다.

이처럼 놀라운 생각을 창출해 낸 이나모리 가즈오의 뿌리는 무엇일까?

인터넷은 물론 책과 연구 논문 그리고 언론 보도를 샅샅이 살펴보며 그의 뿌리에 대해 고민했다. 안테나를 세우면 언젠가 걸려든다고 했던가. 최근 《이나모리 가즈오, 그가 논어에서 배운 것》이란 책이 마치 내게 선물처럼 출판됐다. 참으로 고마운 일이다. 어렴풋하게나마 힌트가 책에 담겨 있었다.

그는 《논어》에서 경영 철학을 얻었다고 했다. 어떻게 옛 책인

《논어》를 자기 철학으로 굳혔을까? 이나모리 회장은 호기심과 설렘으로 책을 씹고 씹으려 읽었다. 젊은 시절 접한《논어》에서 한눈에 들어온 문장은 경천애인敬天愛人이었다. 이는 '하늘을 공경하고 인류를 사랑하라'는 뜻으로 교세라의 사훈이기도 하다. 그에게 기업은 사회의 공기이며, 인仁의 실천이 목적이었다.

몇 년 전 중국방송 CCTV 경제채널의 '대화'라는 프로그램을 본 적이 있다. 세계적인 유명 인사를 초청해 2시간가량 인터뷰하는 내용인데 이나모리 회장이 나왔다. 그는 방송에서 이렇게 말했다.

"젊은 시절 공자의 논어를 배운 게 지금의 나를 있게 했습니다. 과학이 발달한 문명사회에서 도는 더 필요 없고 돈 버는 게 중요하다고들 합니다. 하지만 인간의 도가 가장 중요합니다."

평소에 올바르게 번 돈을 올바르게 쓰는 것이 진정 국가와 사회에 공헌하는 길이라고 말했던 이나모리 회장이다. 기업의 사회적 책임을 강조하는 것은 공자의 사상에 영락없이 맞아떨어진다.

한편《논어》에서는 예로부터 배움의 즐거움을 강조했다.

배우고 때때로 익히니 어찌 기쁘지 않으랴.(學而時習之 不亦說乎)
먼 곳에서 벗이 찾아오니 즐겁지 않으랴.(有朋自遠方來 不亦樂乎)
사람들이 알아주지 않아도 노여워하지 않으니 어찌 군자가 아니겠는

가?(人不知而 不溫 不亦 君子乎)

— 《논어》〈학이學而〉 중에서

이나모리 회장은 공자의 《논어》를 통해 배우는 즐거움으로 시작하여 인의예지신으로 신뢰가 바탕이 되는 삶을 살았다.

교세라의 직원이나 관련 그룹 사람들과 만날 때면 '마음을 기본 바탕으로 하여 경영한다'는 신념이 지금까지도 기업문화로 확실하게 뿌리내려 있다는 느낌을 받는다. 또한 '전 직원이 물심양면에서 행복을 추구하는 동시에 인류와 사회의 진보 발전에 공헌한다'는 교세라의 경영 이념을 성실히 실천하려고 애쓰는 모습이 고스란히 느껴진다. 교세라는 하나부터 열까지 모두가 경영 이념으로 채워져 있다. 경영 이념이 모든 것을 결정한다. 이는 바로 이나모리 회장의 경영, 그 자체다.

— 미나기 가즈요시, 《이나모리 가즈오, 그가 논어에서 배운 것》 중에서

《논어》는 우리가 살면서 꼭 알아야 할 삶의 기본 원칙을 풀어냈다. 기원전 551년에 중국 노나라에서 태어난 공자는 세 살에 아버지를 잃고 홀어머니 밑에서 자란다. 공자 아버지에게는 세 명의 부인이 있었는데 공자는 마지막 부인의 아들이다. 첫째 부인은 딸만 아홉이었고, 둘째 부인은 불구자를 낳았으며, 셋째 부인이 열여섯에 결혼하여 공자를 얻었다. 예순다섯 남자와 열여섯 여자의 결혼이기에 통상적인 경우라고는 할 수 없다. 때문에 역사는 공자

가 야합野合의 자식이라고 기록하는지도 모르겠다.

배우기를 좋아하던 공자는 서른에 최초의 사립학교를 설립한다. 한때 자신을 알아줄 군주를 찾아 다녔지만 뜻을 이루지 못하고 제자들의 교육에 여생을 보낸다.

불우한 시절을 보냈지만 공자는 좌절하거나 자신의 길에 불안해하지 않았다. 실패는 그에게 일상이었다. 그래도 포기하지는 않았다. 어느 한곳에서 실패하면 곧 다른 나라를 찾아가 다시 처음부터 시작했다. 실패를 되풀이했지만 공자는 자신의 꿈을 실현하려는 노력을 꺾지 않았다. 공자처럼 실패를 많이 겪은 사람이라면 왠지 차갑고 우울하고 거친 성격을 가지지 않았을까 짐작한다. 하지만 《논어》의 첫 장 첫 구절을 보라. '즐겁다', '기뻐하다', '미워하지 않는다'는 말부터 등장한다. 이로 인해 우리는 공자가 실패로 인해 무너진 사람이 아니라는 것을 알 수 있다.

이나모리 회장이 《논어》에서 감명 받은 몇 구절을 소개한다.

> 자신을 잘 건사하면서 주위 사람들을 편안하게 하라.(修己安人)
> 가까이 있는 사람들을 기쁘게 하고, 멀리 있는 사람들이 찾아오게 하라.(近者說 遠者來)
> 아는 것은 안다 하고, 모르는 것은 모른다고 하는 것이 바로 아는 것이다.(知之爲知之 不知爲不知 是知也)

백성이 원하는 바는 무엇일까? 백성은 첫째, 오래 살고 싶다.

둘째, 넉넉하게 살고 싶다. 셋째, 마음이 편하고 싶다. 마지막으로 몸이 편하고 싶다. 요약하면 행복과 안전이다.

　이런 틀을 기업에 맞춘다면 경영의 목적은 분명하다. 조직원들의 행복이 중요한 덕목이라는 사실을 《논어》는 말해 주고 있다.

왜
일을 하는가

.
.
.

기업에서 독서코칭을 할 때 인기가 많은 테마 중 하나가 일의 목적에 대한 것이다. 사람이 회사에서 일을 하는 이유에 대해 정말 마음에 와 닿게 설명하는 책이 이나모리 가즈오의 《왜 일하는가》라고 할 수 있다. 이나모리 회장은 직원들에게는 물론 스스로에게도 끊임없이 이유를 물었다. 근본적으로 왜 일을 하는지에 대한 물음은 심오하면서도 중요한 질문이다. 그는 업무에 대한 사색을 통해 인생의 목적, 즉 삶이 어디로 가고 있는지, 어떻게 성장할 것인지를 고민했다.

이 책을 읽고 있는 그대는 왜 일하는가? 나는 행복해지기 위해 일한다고 자신 있게 말할 수 있다. 책을 읽고, 글을 쓰고, 인문학

을 공부하고 그 지혜를 많은 사람들과 공유하는 일이 얼마나 즐거
운지 모른다. 즐거운 일은 곧 축제다. 일을 통해 행복을 얻는 나는
천운의 주인공일 것이다. 이에 늘 감사한 마음이다.

하버드대와 같은 명문대 출신들의 공통점을 연구해 본 적이 있
다. 내가 만나 본 이들은 누구나 자신의 꿈을 위해 일하는 사람이
었다. 사실 그렇지 않았다면 치열하다고 소문난 세계 일류 대학을
무사히 졸업했을 리가 없다. 그들은 꿈을 좇을 뿐, 지나치게 돈에
집착하지 않는다. 그래서 일반 사람들이 보았을 때는 돈이 그들을
위해 일하는 것처럼 보인다. 이들은 자신보다 뛰어난 사람들과 교
류하면서 항상 최고의 사람을 얻는 데 시간을 보낸다. 단순히 일
을 좋아하는 수준을 넘어선다.

일을 한다는 것은 인격을 수양한다는 차원에서 봐야 제대로 보
인다.

단순하게 돈을 버는 수단이 아니라 자신을 단련하는 것이다.
마음을 갈고닦으며, 한 가지 일에 최선을 다해 몰입하면, 인생의
내공은 점점 깊어만 간다.

이나모리 회장의 성공은 결코 쉽지 않았다. 지방대 출신으로
당시 경기 불황으로 취업부터가 녹록하지 못했다. 그나마 간신히
들어간 회사는 망하기 직전에 처했던 세라믹 생산 회사였다. 세라
믹 분야가 생소했던 그였지만 도와주는 사람은 아무도 없었다. 어

쩌면 그랬기 때문에 남들과 다른 생각을 할 수 있었는지도 모르겠다. 하루하루가 힘들었기에 일 자체를 인격 수양으로 보게 된 것도 우연은 아닐 것이다. 이렇게 마음을 먹자 다른 사람들과 다른 결과들이 나왔고, 오늘날의 그가 탄생했다.

사람마다 삶의 뿌리는 다르다. 이왕이면 깊고 단단하고, 건강한 뿌리를 만들어야 한다. 자신의 체질에 잘 맞는 뿌리야말로 건강하다. 이를 위해서는 우선 내 체질을 의사가 진료하듯이 자신의 마음부터 잘 진단해야 한다. 내 체질을 알고, 내게 맞는 뿌리를 찾아보자. 윤 상무의 뿌리가 이나모리 가즈오였고, 이나모리 가즈오의 뿌리는 《논어》였듯이 말이다.

6장.

천 개의 재물보다
한 개의 배움을
더 중시하다

하루 공부하지 않으면
그것을 되찾기 위해 이틀이 걸린다.
이틀 공부하지 않으면
그것을 되찾기 위해서는 나흘이 걸린다.
1년 공부하지 않으면
그것을 되찾는 데 2년이 걸린다.

- 《탈무드》 중에서

천 개의 재물보다
한 개의 배움

.
.
.

구글Google 공동 창립자이자 알파벳Alphabet 최고경영자CEO 래리 페이지Larry Page와 세계 최대 소셜네트워크서비스SNS(Social Network Service) 페이스북Facebook의 창업자 마크 주커버그Mark Zuckerberg의 공통점이 있다. 20대의 패기로 세상을 바꾼 창업자란 사실이다.

두 사람은 20대에 직접 회사를 창업했다. 래리 페이지는 1973년생으로 스물다섯 살에 세르게이 브린Sergey Brin과 구글을 공동 창업했고 1984년생인 마크 주커버그는 스무 살에 페이스북을 설립했다. 두 사람은 약속이나 한 듯 세상에 없던 서비스로 세계적인 갑부가 되었다. 단순한 부자가 아니고, 천문학적인 금액을 기부하는 자선 사업가이기도 하다. 그리고… 두 사람 모두 유대인이다!

구글과 페이스북은 세계 최고 인재들이 신나게 일하는 놀이터 같은 기업이다. 회사에 대한 직원들의 충성도는 물론 주위의 호감도 높다. 세계적인 인재들이 가장 취업하고 싶은 곳들이기도 하다. 이 같은 저력은 유대인의 특별한 철학에 그 뿌리가 있다.

인구 1500만 명으로 전 세계의 0.25퍼센트밖에 되지 않는 유대인이 전체 노벨상 수상자의 20퍼센트를 웃도는 건 그들만의 창의성Creativity이란 무기가 있어서다. 노벨상에 대해 덧붙이자면 1901년부터 2011년까지 110년 동안 유대인 노벨상 수상자는 185명으로 전체 노벨상 수상자 중 22퍼센트를 차지한다. 국가별로는 미국이 전체 1위로 40퍼센트를 차지하는데, 이 중 40퍼센트는 유대인이다.

세계에서 가장 영향력 있는 민족이라고 할 수 있는 그들의 창의성에는 어떤 비밀이 있지 않을까? 나는 이런 의문을 가지고 유대인과 관련한 수많은 자료와 책, 그리고 각종 언론 자료들을 분석해 보았다. 그 결과 유대인이 창의성이라는 단어의 개념부터 다르게 받아들인다는 사실을 알게 됐다. 유대인은 창의성을 남보다 우월한 속성으로 이해하지 않는다. '남보다 뛰어남'이 아닌 '남과 다름'으로 규정한다. 이런 사고방식으로 보면 누구나 자기 분야에서 1등이 될 수 있다.

유대인에게 있어 '배움'은 종교다. '신은 천 개의 재물보다 한 개의 배움을 더 기뻐하신다'는 믿음 아래 평생 배움을 멈추지 않는다. 그들이 2000년의 역사 동안 하나의 민족으로서 살아남을 수 있었던 것은 단일 종교를 가지고 있었기 때문이다. 같은 믿음으로 그들은 오랫동안 배움의 중요성을 강조했다. 유대인의 지혜와 처세술이 담긴 《탈무드Talmud》는 히브리어로 '연구'와 '배움'이라는 뜻이다. 기독교의 성경이나 이슬람교의 코란과 같이 탈무드는 랍비 rabbi(유대교의 율법학자를 이르는 말)에 의해 기록된 율법, 민간전승, 전통 부분 등을 담은 유대인의 경전이다.

배우는 데 장소를 개의치 않았다는 점도 특이하다.

실리콘밸리Silicon Valley IT 전설들의 스토리에는 독특한 장소가 등장한다. 래리 페이지는 창고에서 구글을 만들었고, 마크 주커버그의 페이스북은 하버드대의 기숙사에서 탄생했다.

기술로 세상을 바꿀 수 있지만 그들의 성공 스토리에는 유대인의 창의성과 전문성이라는 깊은 뿌리가 있었다.

창의성은 시련 속에서도 아이디어를 떠올리게 한다. 자신의 특별한 아이디어 하나로 페이스북을 만든 주커버그는 어린 시절 외톨이었다. 그런데 그의 아이디어는 이제 전 세계 5억 명이 서로 친구로 엮이게 만들었다.

이처럼 세계적인 기업을 이룬 래리 페이지와 마크 주커버그는 유대인 특유의 뿌리를 두고 성장했다.

방랑의 역사가
만들어 낸 변화

．
．
．

    유대인은 오랜 동안 전 세계를 방랑했다. 그야말로 고난의 역사다. 이집트 종살이 400여 년, 이집트에서 탈출해 광야에서 보낸 40여 년, 아시리아와 바빌론에게 나라를 빼앗겼던 포로 시대, 로마제국에 의해 세계 곳곳으로 뿔뿔이 흩어져야 했던 2000여 년 등이 오늘날 그들을 만들었다. 특히 중세 시대에는 유럽 각지에서 유대인에 대한 박해가 이루어졌다. 이런 시련은 그들을 더욱 단단하게 만들었다. 유대인은 유독 IT산업 등에서 활약을 펼치고 있다. '소프트파워'를 통해 그들은 어느 민족 못지않은 부를 거머쥐었다. 아브라함이 가나안을 떠난 이후 4000여 년간 이어진 방랑의 역사 속에서 이룬 성과다. 이러한 유대인들의 저력은 배움이 곧 종교라는 신념과 강력한 공동체에 그 뿌리가 있다.

    역사적 배경을 보면 유대인에게 돈은 살아남기 위한 생명줄이었다고 볼 수 있다. 1948년 이스라엘이 독립하기까지 박해와 고난을 겪으며 뼛속에 사무친 것은 돈이었다. 그들은 어떤 절박한 상황에서도 생명을 구하는 건 돈이라고 판단했다. 금융계의 별이 된 사람 대부분이 유대인이란 사실은 결코 우연이 아니다.

온갖 박해 속에 살아남았기에 그 안에서 겪은 교훈이 남다르다.

유대인들이 미국 사회에서 성공을 이룬 비결을 데이비드 번스틴 미국유대인협회AJC 워싱턴 지부 국장은 다섯 가지로 답했다.

첫째, 유대인은 미국이 '기회의 땅'이라는 점을 잊지 않는다.

둘째, 유대인의 이익이 반영되도록 정치 감각을 키운다.

셋째, 기부금을 의무화한다.

넷째, 교육을 통해 유대교와 유대인의 전통을 전수한다.

다섯째, 유대인 사회를 정치 세력화한다.

1948년 5월 14일은 이스라엘 건국일이다. 건국의 주역 다비드 벤구리온David Ben-Gurion 초대 수상은 전 세계 유대인들에게 이렇게 호소했다.

"2000여 년을 떠돌던 유대인의 영혼들이 이곳에 모였습니다. 이제 눈물을 거두고 분노를 삼키고 지난날을 용서하되 결코 잊지는 말아야 할 것입니다."

유대인이 부를 축적하는 과정에는 그들만의 독특한 전통이 있다. 그들은 "머리를 써서 돈을 모으되 살아남기 위한 방편으로 하라"고 말한다. 평범해 보일지라도 유대인에게는 생존을 위한 최고의 가치를 지닌 규범이다. 단순한 부의 축적이 아니라 창의성을 갖춰야 한다는 것도 의미한다.

때문에 이들에게 돈보다 더 우선적인 것은 배움과 교육이다. 앞서 말했듯 종교적 관점에서도 유대인에게 지식인은 하느님의 형상이며, 문맹은 죄악이다. 그들은 고난의 역사를 겪으며 지식의 힘을 깨달았다. 당장 돈을 잃어도 다시 살아남을 수 있는 무기가 교육을 통한 지식이라고 여겼던 것이다. 그래서 유대인들은 어릴 적부터 배움의 중요성에 대해 끊임없이 배운다. 또, 어른들은 그들만의 독특한 교육 방법으로 아이를 키운다. 《유대인 이야기》의 저자 홍익희 씨는 해외 근무 시절 세계 핵심 인물들이 대부분 유대인이라는 사실을 발견하고, 그들에게 어떤 특별한 점이 있는지 연구했다. 그가 주목한 부분은 토론식 교육이다. 그들은 토론을 통해 자신의 의견과 다른 사람의 의견을 교환하고 자신의 부족한 점을 발전시켰다. 토론은 자신은 물론 상대까지 함께 성장시킨다는 유대인의 생각이 반영된 교육 방법이다.

한국인과 유대인은 특유의 부지런함과 교육열로 교육에 그야말로 올인한다. 하지만 방법론에 있어 큰 차이가 있다. 우리가 주입식으로 공부를 한다면, 유대인은 사고와 지능 개발을 목적으로 창의력을 키우는 공부를 한다. 유대인의 토론 문화가 그것이다.

토론은 세상에 없던 새로운 것을 창조한다. 질문은 우뇌를 발달시키고, 답을 찾는 과정에서 사고력과 상상력을 키운다. 이런 교육 훈련을 수십 년 동안 가정과 학교에서 받아 온 유대인이 남다른 창의성을 발휘하는 것은 당연할 것이다.

두 개의 별이
빛나다

:
.
:

얼마 전까지 기업에서 독서경영 강의를 하면서 특별히 호응이 높았던 책은 《구글은 어떻게 일하는가》였다.

세계적인 기업 구글에 대한 청중의 관심은 무척 높았다. 이후 실제 그들이 일하는 방식과 구글의 문화에 대해 토론하는 시간을 가졌다. 기업이 망하는 것은 미래를 예측하지 못하기 때문이고, 미래를 예측하는 가장 좋은 도구는 바로 전문성과 창의성이라는 결론이 나왔다.

창의성과 전문성, 이 두 개의 별이 반짝반짝 빛나고 있는 기업이 바로 구글이다. 인터넷 시대의 성공 키워드 전문성과 창의성은 구글의 심장이다. 전문성과 창의성을 갖춘 인재는 스마트smart

한 분석력을 기본으로 남다른 비즈니스 감각을 활용해 경쟁력을 키운다. 여기에 하나 더 덧붙이자면, 기업 문화 전반에 인재들을 끄는 독특한 감성이 어우러져 있다는 사실이다. 미래의 성공하는 기업은 회사의 꿈에 특별한 감성이 어우러진 독특한 스토리를 만들어 간다.

구글은 직원의 전문성과 창의성을 끌어내기 위해 자율적인 분위기를 조성하고 있다. 먼저 일곱 명으로 팀을 구성하여 팀별로 일한다. 빠르고 유연한 소통이 소규모 조직 구조를 택한 이유다. 구글 직원은 직무를 막론하고 서로의 업무를 이해하는 과정에서 어떤 일을 맡겨도 해결할 수 있도록 성장한다. 함께 배우는 분위기에서 서로 간에 가벼운 유머도 함께하기에 신나고 즐거운 일터가 될 수밖에 없다.

구글은 인재 관리 노하우에 대해 처음부터 모든 것을 공개했다. 구글의 업무 방식, 인재 채용 방식은 물론 서비스 개발의 많은 과정들이 여과 없이 소비자에게 공유돼 왔다. 이런 과정에서 소비자는 구글의 활동에 공감하면서 기꺼이 동행했다. 구글의 다음 행보를 기대하면서 말이다. 소비자가 구글의 서비스를 신뢰할수록 구글의 직원들 또한 자긍심도 높아진다. 그만큼 자신들이 사회에 공헌하고 있다는 신념과 희망찬 미래에 대한 확신도 강해진다. 과중한 업무에도 직원들이 힘든지도 모르게 일을 하게 되는 건 자연스러운 현상일 수밖에 없다.

사실 이런 분위기에 일할 맛을 내지 않는 인재는 처음부터 뽑지 않는다.

구글은 늘 배우려는 자세를 갖춘 사람을 채용한다. 늘 배우는 사람은 성장이 멈추지 않는다. 정보가 많을수록 막연한 두려움도 줄어들기에, 공부하는 인재는 변화에 누구보다 쉽게 대처할 줄 안다. 구글의 인사 담당자는 사람을 뽑을 때 리더십, 업무 관련 지식, 일반적 인지능력 등을 따져 보고 마지막으로 '구글다움'을 본다고 한다. 구글다움의 핵심이 배우고 소통하려는 열정이라고 할 수 있다. 이렇게 구글다운 사람들을 비단 구글 안에서만 찾을 수 있는 건 아니다. 사회를 더 좋게 발전시키겠다는 포부를 안고 끊임없이 자기를 개발하는 사람이라면 모두 구글다운 인간이다. 이런 사람이라면 고금의 정보가 가득 들어 있는 책을 좋아하지 않을 수가 없다. 실제로 구글 안에서 운영하는 독서클럽은 인기가 무척 많다. 웬만한 독신자들은 모두 참석한다고 한다.

전문성의 기본은 배움에 있고 창의성은 토론에서 키워질 수 있다.

한 분야에 최고가 되는 건 배움으로 가능하지만, 새로운 분야를 창조하는 것은 다른 사람과 소통하면서 이뤄진다. 그래서 배우고 토론하는 문화가 중요한 것이다. 유대인은 이러한 배움과 토론에 있어 최고의 교육자이자 학생이라고 할 수 있다.

유대인만의 창의적 사고는 '후츠파chutzpah' 문화에서 뿌리를 찾을 수 있다. '건방진', '뻔뻔한' 등을 뜻을 가진 후츠파는 유대인 특유의 개방적인 문화를 지칭한다. 후츠파 토론에서는 대화하고 토론하는 데 계급장이 필요 없다. 아이디어 내는 데도 위아래가 없다.

래리 페이지는 이 후츠파 문화를 기업에 응용해 토론을 성장 동력이라 여기고 질문을 중시했다. 질문을 통해 직원들이 호기심을 충족하고 상상력을 키우기를 바랐다. '20퍼센트룰'20percent rule은 이런 토론에 앞서 아이디어를 키우는 인큐베이터incubator와 같다. 이 제도는 회사 초기에 도입되었는데 이 제도에 따라 구글 직원들은 근무시간의 20퍼센트를 현재 맡은 일과 상관없는 일을 할 수 있다. 하고 싶은 일을 하게끔 만드는 것이다. 자유로운 분위기 속에서 직원의 창조력을 끌어내는 데 목적이 있다.

더 나아가 회사는 놀이터 같은 분위기를 위해 당구대, 비디오 게임기 등이 있는 오락실은 물론 낮잠을 잘 수 있는 장소까지 제공한다. 음식과 음료수, 간식들을 언제나 꺼내 즐길 수 있게 해놓은 수준을 넘어 상근 안마사를 고용하여 마사지실까지 운영하고 있다고 한다. 회사의 이런 노력 때문에 남다른 꿈을 불태우는 세계 최고의 인재들이 한번 일하고 싶은 의욕이 불뚝 솟아나는 것이다. 전 세계에 어디든 인재라면 구글에 마음이 쏠리는 이유다. 자유로운 분위기에서 나온 세상을 바꿀 아이디어를 최고의 인재들과 토론하면서 실행하는 회사이기에 그렇다. 혼자 생각하는 아이디어는 공상에 그칠 수 있지만 토론을 통하면 실행 가능한 결과물이 나오게 된다.

필자는 독서 강의를 하면서 마무리 전에 서로의 발전을 위해 종종 토론을 유도한다. 그런데 생각만큼 진행이 쉽지 않다. 예전보다는 많이 개선되었지만 아직도 튀기 싫어하고 토론에 익숙하지 않은 사람들이 많기 때문이다. 그래서 나름대로 노하우가 생겼는데, 첫 질문을 답변하기 편한 것으로 하는 것이다. 대화의 시작이 좋아야 좋은 아이디어를 나눌 수 있기 때문이다. 최근에 재미있게 본 영화나 책, 굿 뉴스, 취미 활동, 건강관리 등의 화제로 대화의 문을 열면 강의에 대한 자신만의 감상을 스스로 풀어놓는 경우를 많이 보았다. 그전에 질문을 편안히 할 수 있는 분위기를 회사 안에 만드는 게 중요하다. 자유로운 분위기에서 창조의 문은 열리는 법이니까 말이다.

구글을 제대로 알려면 래리 페이지를 알아야 한다.

래리 페이지는 1973년 미국 미시간Michigan주에서 태어났다. 그의 부모 모두 컴퓨터를 전공하여서 페이지의 집에는 늘 컴퓨터가 있었다. 당시 흔하지 않았던 컴퓨터는 페이지의 장난감이 되었다. 청소년이 된 페이지는 스탠퍼드대학교Stanford University 진학을 결심한다. 스탠퍼드대는 실리콘밸리에 위치해 있었는데, 입학 전 스탠퍼드대 견학을 갔던 페이지는 운명적인 만남을 맞는다. 훗날 구글을 공동으로 창업한 세르게이 브린과 마주한 것이다. 당시 스탠퍼드대 학생이던 브린은 페이지의 학교 견학을 돕기 위해 나왔다고 한다.

각자의 인생을 살던 두 사람은 1995년 다시 만났다. 당시 페이지는 정부가 지원하는 연구프로젝트로 디지털 도서관 추진 계획에 맞는 검색엔진을 만들었고, 브린은 수집한 데이터를 효과적으로 저장할 수 있는 드라이브 사용 방법을 개발하고 있었다. 두 사람은 두 가지 기술을 접목하는 방법을 찾았다. 그러나 이 기술을 사려는 검색엔진 회사는 나타나지 않았고, 결국 두 사람은 1998년 10의 100승을 의미하는 '구골googol'에서 이름을 딴 구글을 창업하게 되었다.

이후 폭발적인 성장을 거두게 됐지만, 두 사람은 돈 자체에 집착하지는 않았다. 그래서 수많은 사회공헌 활동이 가능했다. 2014년만 봐도 6500명이 넘는 구글 직원들이 약 8만 시간의 자원봉사활동을 했다. 또한 2100만 달러의 직원 기부금을 세계 여러 단체에 기부했다. 대표적인 구글의 커뮤니티 프로그램은 아래와 같다.

■ 베이 에리어Bay Area 기부: 지역사회를 강화시키는 비영리단체들을 지원

하기 위해 지난 3년 동안 베이 에리어 지역의 비영리단체에게 6000만 달러 이상을 기부했다.

■ 코드 포 아메리카Code for America: 기술을 익히는 데 어려움을 겪는 각 나라 정부에게 기술 지원을 하기 위한 노력의 일환으로, '코드 포 아메리카'라는 프로그램을 제공한다. 민간 기술 솔루션을 개발을 위해 연간 300만 달러를 기부하고 있다.

■ 로버타Roberta: 구글은 로봇이 아이들에게 기초기술교육을 가르치는 데 효과적인 방안이라 생각한다. 지능적 분석과 정보 시스템을 개발하는 독일의 프라운호퍼Fraunhofer 연구소에게 관련 프로그램 및 스마트폰 어플리케이션을 활용해 로봇들을 제어하기 위한 기술 개발을 지원하고자 기부금을 전달했다.

■ 프로그래밍 교육 나눔: 2만 5000명 이상의 일본 아동에게 컴퓨터 과학 교육을 제공하기 위해 5000대 이상의 라즈베리파이 컴퓨터(보안카드 크기가 작은 저가형 컴퓨터)들을 기부했다.

■ 라즈베리파이Raspberry Pi: 100만 달러의 구글 보조금으로 컴퓨터 과학에 특별한 관심을 보이는 15000명의 영국 아동에게 라즈베리파이 컴퓨터를 전달했다.

* 출처: SR와이어 CSR '애플, 구글의 다양한 기부 프로그램'(srwire.co.kr/archives/12360)

시장은 '찾는' 게 아니라
'창조하는' 것

언제나 환한 웃음, 항상 같은 옷, 청바지에 회색 반팔 티셔츠, 천문학적 기부액…. 세상의 모든 사람을 연결하는 중매쟁이 주커버그를 표현하는 수식어들이다. 그는 만 스물아홉의 나이로 미국의 부자 순위 11위에 이름을 올린 청년 갑부이자 페이스북 최고경영자다. 20대의 젊은 패기로 회사를 창업해 상상을 초월하는 기업으로 성장시켰으며 기부액 규모도 그 누구에 뒤지지 않는 그의 정신적 뿌리는 유대인의 교육 환경에서 찾을 수 있다.

의사 부모에서 태어난 주커버그가 컴퓨터에 관심을 갖기 시작한 것은 열한 살 무렵이었다. 누구도 강요한 게 아니다. 486 데스크톱 컴퓨터를 선물 받은 주커버그는 소프트웨어 관련 책을 구입해 스스로 공부하기 시작했다.

마이크로소프트의 입사 제안을 거절하고 하버드대에 입학한 주커버그는 2004년 2월, 하버드 학내 계정을 통해 가입할 수 있는 학내 인맥 교류 사이트, 더 페이스북The Facebook을 만들었다. 하버드대 학생들만 이용했던 더 페이스북은 두 달 만에 주변 학교로 퍼지기 시작해 세계 곳곳에서도 관심을 보였다. 분위기를 읽은 주커버그는 기존의 더 페이스북이라는 이름을 페이스북으로 바꾸고 새로운 도약을 꿈꾼다. 이 페이스북이 세계적으로 인기를 끌면서 2010년에는 페이스북의 창업 이야기를 다룬 영화 〈소셜 네트워크The Social Network〉가 제작되기도 했다.

잠시 페이스북에 대한 이야기를 하자면 페이스북의 성공 요인으로 하버드대학교에서 컴퓨터과학과 심리학을 전공한 주커버그가 페이스북의 기능에 심리학을 접목했다는 점을 꼽기도 한다. 페이스북에는 여러 특징이 있는데 주커버그와 관련된 특징이 눈에 띈다. 그중 페이스북의 상징인 파란색 테마는 주커버그가 적록색맹이기 때문에 정해진 비밀이 숨어 있다. 붉은색과 녹색을 구분하지 못하는 그에게 딱 맞는 색깔이 파란색이었다.

유대인 가정에서 태어난 주커버그는 어릴 적부터 유대인식 교육을 받았고 그 영향인지 평소 독서를 즐겨 한다.

급기야 그는 2015년을 '독서의 해' 원년으로 선포하기까지 했다. 주커버그는 페이스북 '책 읽는 한 해A Year of Books'(www.facebook.com/ayearofbooks) 페이지를 통해 주기적으로 책을 선정하고 함께 읽고 있다. 기업이 망하는 것은 미래를 예측하지 못하기 때문이라고 판단하는 그는 독서를 통한 미래 예측을 강조한다. 책을 통해 회사 전체의 통찰력 그리고 창의성의 근육을 키워 가겠다는 의지가 엿보인다.

그가 주관하는 북클럽 페이지는 2주에 한 권씩 문화, 역사, 기술 분야의 책을 읽고 온라인상의 독서 토론을 주관한다. 북클럽의 첫 번째 추천 도서는 모이세스 나임Moises Naim의 《권력의 종말The End of Power》이었다. 주커버그는 이 책이 개개인과 권력을 나눈다는 평소 자신의 생각과 일치한다고 밝혔다. 오늘날 세계가 전통적으로 정부와 군대 같은 거대한 조직만 보유했던 권력을 개인들에게 더 많이 주는 쪽으로 어떻게 바뀌고 있는지를 탐색하는 책이란 설명이다.

그는 권력에 대해 이렇게 말했다.

"권력은 지금까지 잘 인식하고 이해했던 것과 달리 훨씬 더 근본적인 변회를 겪는 중이다."

〈공병호의 독서산책〉에서는 권력에 대해 이렇게 말한다.

권력을 쥔 사람과 그렇지 않은 사람 사이에는 큰 간격이 존재한다. 권력을 쥐기 전에 사람들은 권력을 잡기만 하면 뭐든 할 수 있을 것처럼 느끼지만 막상 권력을 쥐고 나면 어느 누구보다도 자기 권력의 한계를 절실히 깨닫게 된다. 여기서 권력은 다른 집단과 개인들의 현재 또는 미래의 행동을 지시하거나 막을 수 있는 능력을 말한다.

《권력의 종말》을 읽으면 주커버그가 권력에 대해 갖고 있는 생각을 어느 정도 파악할 수 있다. 이 책은 오늘날 권력이 점차 이동하고 있다고 말한다. 북반구에서 남반구로, 서양에서 동양으로, 거대 기업에서 벤처기업으로 이동한다는 주장이다. 또한 권력은 독재자의 손을 벗어나 시대의 흐름에 따라 사이버 공간의 민중으로 향하고 있다. 한 집단이 권력을 얻고 유지하게 위해 구축했던 많은 장벽이 허물어지고 있기 때문이다.

이외에도 주커버그가 추천한 책은 무척 다양하다.

그중에서 《괴짜 사회학Gang Leader For a Day》은 컬럼비아대학교 사회학과 교수인 수디르 벤카테시Sudhir Alladi Venkatesh가 10년간 시카고 슬럼가를 직접 찾아가 경험했던 일을 토대로 한다. 《면역에 대하여On Immunity》는 논픽션 작가인 율라 비스Eula Biss가 두 아이의 엄마로서 예방접종에 대한 불편한 진실을 쓴 책이다. 뉴욕타임스가 선정한 '2014년 최고의 책' 가운데 한 권이다.

이외에도 애니메이션 회사인 픽사PIXAR의 화장 에드 캣뮬Ed

Catmull이 지은 《창의성Creativity》(국내에는 '창의성을 지휘하라'는 이름으로 번역해 출간되었다), 토마스 쿤Thomas S. Kuhn의 《과학혁명의 구조The Structure of scientific revolutions》 등이 있다.

주커버그는 고전도 빼놓지 않고 읽는다.

과거 언론과의 인터뷰에서 고전을 가죽 양장본으로 여러 권 갖고 있다고 밝히기도 했다. 대표적인 게 고대 로마 시인 베르길리우스Vergilius Maro의 《아이네이드The Aeneid》다. 중국계 아내와 결혼한 주커버그는 중국에도 관심이 많아 시진핑 국가주석이 쓴 《중국의 통치》도 읽었다고 한다.

2015년 열한 번째 생일을 맞은 페이스북은 전 세계에 가입자 약 12억 명을 보유한 글로벌 기업으로 성장했다. 주커버그의 성공 요인에는 여러 가지가 있겠지만 무엇보다 배움의 중요성을 알았다는 데 의의를 두고 싶다. 배움이 있었기에 쉽게 무너지지 않고 달려갈 수 있었다. 배움의 중요성을 알았던 그는 이제 사람들에게 독서를 권유하고 있다. 그의 추천 도서를 모두 읽을 필요는 없겠지만 중요한 것은 지금 그 스스로 독서광이란 사실이다.

세상의 중심에
사랑을 심다

.
.
.

　주커버그는 평소 소박한 패션 스타일로 유명하다. 공식 석상에
서조차 그는 회색 티에 청바지 그리고 헐렁한 후드티를 걸친 일명
'주커버그 스타일'을 선보인다. 한결같은 패션을 고집하는 데는
"무엇을 입을 것인지, 아침식사로 무엇을 먹을 것인지 같은 사소
한 결정도 마음을 피곤하게 하고 에너지를 소모하게 할 수 있다"
는 그만의 철학이 있었다. 하긴 스티브 잡스도 살아생전 옷장에
회색 티가 스무 벌이 넘었다고 하니 이 정도는 놀라운 일도 아
니다.

　잡스와 다른 점이 있다면 그는 의외로 무척 가정적이란 사실
이다.

일 이외에는 큰 관심을 둘 것 같지 않은 그도 아내 챈에 대한 일이라면 어느 것이든 노력을 기울인다. 중국계 아내를 위해 배운 중국어 실력은 중국 베이징 칭화대에서 강연을 할 당시 빛을 발했는데, 왜 중국어를 쓰냐는 한 학생의 질문에 그는 결혼식 때 장모에게 중국어로 "따님 손을 건네받아도 되겠습니까?"라고 말하기 위해서라고 답했다.

주커버그는 챈의 제안에 따라 여러 기부 활동을 벌였다. 물론 그도 오래전부터 기부에 뜻이 있어 왔고 연간 1조 원대의 기부를 하는 것으로 유명하다.

2014년 포브스Forbes 지와 PRI 기부 전문 조사업체가 미국의 기부왕들을 발표했다. 총 50명을 뽑았는데, 이 중 IT업계 인사들은 10명이었다. 마크 주커버그는 이 중 네 번째로 기부를 많이 한 사람으로 뽑혔다. 2015년 말에는 자신과 부인이 보유한 페이스북 주식 99퍼센트를 사회를 위해 내놓는다고 발표했으니 조만간 더 높은 순위도 가능할 것이다.

"페이스북은 세계를 연결하기 위해 존재한다"고 말하는 주커버그는 인터넷 접속 환경이 좋지 않은 국가를 지원하며 그곳에서도 사용 가능한 페이스북 라이트 어플리케이션을 개발하고 있다. 주커버그 부부는 이외에도 공교육 여건 개선, 장기기증 운동 등 다양한 자선사업 분야에 관심이 많다.

수많은 유대인들에게 사회봉사나 기부는 특별한 행위가 아니다. 어렸을 때부터 자녀에게 불우한 이웃에게 도움을 주도록 가르치는 게 사회 분위기이기 때문이다. 그들은 가난한 사람에게 도움을 베푸는 것을 인간으로서 가장 중요한 덕목이라 여긴다. 거기에 도움을 주는 과정에서 상대방의 마음 상태를 이해하도록 교육한다.

유대인에게 돈은 머무는 존재가 아닌 순환하는 존재다.

돈은 세상을 돌고 돈다는 유대인만의 철학이다. 손에 들어온 돈은 언젠가 사회에 환원할 돈으로 생각한다. 자선과 봉사는 이런 마음가짐을 바탕으로 생겨났다. 유대인에게 자선과 봉사는 의무와 같다.

유대인은 오랜 고난의 역사를 겪으면서도 세상의 중심에 섰다. 그들의 성공은 단순히 부 때문만은 아니다. 그들의 성공 비결을 창의성과 전문성으로만 꼽기에는 약간 부족하다. 남을 돌아볼 줄 아는 유대인의 봉사정신이 없었다면 지금의 자리가 위태로웠을지도 모른다.

7장.

삼성의 뿌리는
세종의
인재경영

국가와 기업의 장래가
모두 사람에 의해 좌우된다는 것은
명백한 진리이다.

- 이병철 삼성그룹 창업주

인재가
곧 힘이다

삼성그룹에서 강의를 한 지 어느덧 만 10년이다.

삼성전자 구미공장에서 첫 강의를 하면서 삼성그룹과 인연을 맺었다. 그때는 참 용감했다는 생각이 든다. 삼성그룹에 강의를 하면 할수록, 엄청난 내공이 필요함을 절절히 느끼기 때문이다. 10년 전에 과감하게 강단에 오를 수 있었던 건 당시엔 이 중압감을 예상하지 못했기 때문이었는지도 모르겠다.

삼성에 다니는 사람이라면 느끼는 것이겠지만 그들의 세계에서는 노력이나 성과 없이 자리에 머물 수가 없다. 남들은 가만히 있으면 중간이라도 간다고 하지만 적어도 삼성에서는 통하지 않는 말이다. 무임승차가 불가능하며 현실에 안주하면 중간도 못 가는 게 삼성그룹 직원의 현실이다.

이들 앞에서면 강사로서 많은 생각을 하게 된다.

신입사원부터 직급별 승진자, 전 직원 전략 세미나 등을 통해 그들을 접할 때마다 나 스스로 공부의 필요성을 절감한다. 매번 그들보다 더 열심히 깊이를 가지고 공부하지 않을 수 없다. 인문학을 테마로 내세우는 강연자로서 적어도 내 전문 분야에서만큼은 그들에게 뒤질 수는 없는 노릇이기 때문이다. 이번에 인문학 책을 쓸 수 있었던 것은 어쩌면 그들 덕분이라고 할 수도 있겠다. 삼성에서 배운 현장 체험의 결과물이 이 책이다. 기업에서도 현장에 답이 있듯이 강의하는 사람에게도 답은 현장에 있다.

세계 초일류 기업인 삼성그룹에서 인문학 강의를 진행하면서 고심했던 부분은 바로 삼성의 인문학적 뿌리다. 기업 경영은 사람에 의해 이루어지고, 인문학은 사람에 대한 학문이다. 때문에 삼성의 성공 비결을 인문학적 뿌리에서 찾아보는 건 논리상으로 충분히 가능한 이야기다.

무엇이 삼성을 초일류 기업으로 성장하게 했을까? 이병철 창업주, 이건희 회장, 이재용 부회장을 비롯한 많은 삼성그룹 최고경영자와 임직원들의 인문학적 뿌리는 무엇일까?

그동안 강의를 통해 만난 사람들을 떠올려 보면, 분명한 공통점이 있다. 우선 엄청난 업무 소화량이다. 그들은 참으로 바빴다. 시간적인 여유가 많지 않기에 사적인 이야기는 거의 할 수 없었고, 강의 동안 주로 강의 주제 중심으로 대화가 이루어졌다. 때문에 강의 경험만으로 삼성의 문화를 이해하기는 힘들었고, 그것으로 삼성의 인문학적 뿌리를 찾는 것은 빙산의 일각을 보고 빙산 전체를 파악하는 격이었다. 고민을 풀기 위해 상당 부분을 삼성과 관련한 책이나 뉴스에 도움을 받을 수밖에 없었다.

꼬리에 꼬리를 무는 자료에 정신이 없던 중 엉뚱한 데서 1차 힌트를 얻었다. 몇 년 전 세종과 다산에게 빠져 치열하게 공부를 하면서 정리한 《세종처럼 읽고 다산처럼 써라》란 책이 그것이다. 대한민국 대표선수 삼성이 조선 역사 속의 대표선수를 닮지 않았을까 하는 생각에서 출발해 보았다. 주인공은 바로 세종世宗이다. 세종의 리더십과 공부 방식을 거꾸로 곱씹어 보니 역시 삼성그룹이 보였다.

세종은 안정된 왕권을 바탕으로 훈민정음 창제를 비롯해 다양한 과학기술의 결과물을 창조했는데, 핵심은 인재 중심의 통치 철학이었다. 능력이 있다면 귀천을 가리지 않고 등용했던 사람이 세종이다. 천민 출신의 장영실도 그렇게 등용이 됐다.

삼성 오너가 이야기를 담은 《삼성가 사람들》을 쓴 이채윤 씨는 실제로 이건희 회장을 삼성의 충녕대군(세종대왕)으로 묘사하기도 했다. 오늘날 삼성을 만든 건 뛰어난 인재들이다. 이병철 창업주, 이건희 회장, 이재용 삼성전자 부회장은 3대가 한결같이 인재경영에 소홀함이 없다.

태조이자 태종이었던 이병철 창업주의 아들 이건희 회장은 우연히도 세종과 마찬가지로 셋째 아들이다. 이건희 회장은 이병철 창업주가 탄탄히 구축해 놓은 기업 시스템을 바탕으로 삼성을 더 강하게 확장하고 스마트 혁명을 이끌었다.

위로 패기 있는 형들이 있음에도 이건희 회장은 20년에 걸친 혹독한 경영 수업을 통과하고 왕좌에 올랐다. 고독하게 삼성이라는 거대한 제국을 경영하는 모습은 신하들의 반대와 냉대 속에 한글을 만들었던 세종과 비슷한 부분이 많다.

세종의 인재경영을 먼저 살펴보면 크게 세 가지의 특징을 찾아볼 수 있다.

첫째, 마음 바탕을 들여다본다. 착한지 나쁜지를 살피는 것인데 여기서는 개인보다 공동체 전체를 우선시하는지 알아본다. 혼자보다 함께 나아갈 줄 아는 사람을 택한다.

둘째, 집현전이나 성균관 같은 국가기관에서 인재를 길렀다. 특히 집현전은 세종의 양재용현養材用賢, 즉 인재를 배양하여 등용한다는 뜻으로 세종의 인재경영의 핵심이었다.

셋째, 단점은 덮고 장점은 살렸다. 훌륭한 지도자라면 인재의 단점보다는 장점을 부각하고 자신의 위치에서 그 능력을 발휘할 수 있어야 한다는 게 세종의 철학이었다.

세종의 싱크탱크Think Tank(주로 학문 분야 전문가를 조직적으로 결합하여 조사, 분석, 연구 개발 등을 통해 성과를 내는 집단)는 집현전이었다. 집현전은 오로지 강연을 위한 것으로 세종은 평소 세미나식의 회의를 원했다. 경전과 역사의 강론을 전담하여 임금의 자문에 대비하는 것이 집현전 학사의 역할이었다.

집현전 학사는 다른 관리들과 달랐다.

먼저, 전공이 서로 다른 분야의 사람으로 구성되었는데 10년 이상 토론하며 서로의 연구에 자극을 주었고 도움을 주고받았다. 집현전 학사들은 집현전 내에서 손쉽게 많은 자료를 접할 수 있었다. 방대한 자료를 쉽게 찾아볼 수 있도록 분류하는 과정을 거쳤기 때문인데 이로 인해 신속한 정보 확인이 가능했다.

연구는 곧 정책과 유기적으로 연계되었다. 집현전 학사들은 정치적으로 독립성을 갖고 연구에 임하며 연구한 바를 정책에 바로 반영할 수 있었다.

삼성의 인재경영은 어떻게 이루어졌을까? 삼성이 강한 진짜 이유는 무엇일까? 두말할 것도 없이 바로 인재경영이다. 삼성의 싱크탱크는 삼성인력개발원이다. 삼성은 치밀한 일본식 경영과 효율적인 미국식 경영을 혼합해서 좋은 것만 뽑아냈다. 삼성이 진짜 강한 이유는 사람, 조직, 조직력이라는 세 가지를 축으로 하여 탄탄히 뿌리를 내렸기 때문이다.

《삼성이 강한 진짜 이유》를 쓴 가재산 씨는 25년 동안 삼성에서 일하면서, 경영관리에서부터 인사기획, 경영혁신 등 여러 부분에서 삼성이 왜 강한지를 분석해 정리했다. 요약하면 크게 세 가지다.

첫째, 우수한 인재를 많이 확보하고 철저히 교육시킨다.

둘째, 제도와 시스템에 의한 경영으로 강한 조직 역량을 발휘한다.

셋째, 한 방향의 실행력을 가진 문화를 만든다.

삼성은 인재를 A, B, C급으로 분류한다. A급 인재는 현 상태를 유지시키고, B, C급 인재는 부진한 이유를 파악해 A급 인재로 육성시킨다. 삼성에는 이외에도 핵심 인재 정착을 위한 멘토mentor제도와 인력의 퇴직 가능성을 관리하는 퇴직 조기 경보 체제, 직원이 가족을 챙길 수 있도록 하는 집안일 지원 체제 등이 있다. 핵심은 파격적인 보상과 인센티브다. 이런 두 가지 수단을 통해 직원 전체를 인재로 키우고, 이 인재가 삼성을 키운다. 이러한 선순환이 오늘날 글로벌 삼성을 낳은 것이다.

세종의 인재경영 vs
삼성의 인재경영

．
．
．

　1426년(세종 8년) 사가독서賜暇讀書 제도가 실시됐다. 사가독서란 신하에게 휴가를 주어 책을 읽도록 한 제도다. 세종은 인재들이 일에 몰두하느라 독서에 전념하지 못하는 현실을 안타까워했다. 사가독서는 세종 때 최초로 시행되었는데 그 배경을 대화식으로 구성하면 이렇다.

　1426년 추위가 매서운 어느 겨울이었다. 늦은 밤인데도 경복궁 궁궐 안에 있는 집현전에서는 학사들이 추위를 참아 내며 열심히 공부를 하고 있었다. 그때 누군가 문을 열고 찬 바람과 함께 집현전 안으로 들어왔는데, 당시 집현전 대제학으로 집현전의 총책임을 맡고 있던 변계량이었다.

"지금부터 내가 이름을 부르는 사람은 내일부터 이곳에 나오지 말도 록 하라."

변계량은 손에 든 문서에 적힌 사람들의 이름을 차례로 불렀다.

"권채, 신석견, 남수문…."

"대감, 무슨 일이시옵니까?"

집현전에 있는 학사들이 어리둥절해하며 물었다. 이름이 불린 당사자 들은 불안해하며 얼굴이 창백해졌다.

"내가 이름을 부른 사람들은 내일부터는 이곳 집현전에 나오지 말고 고 향집이나 어디 고요한 곳에 가서 독서에만 전념하도록 하여라. 전하께서 특별히 독서휴가를 주셨느니라."

변계량의 말에 여기저기서 환호성이 터져 나왔고, 얼굴이 창백해졌던 학사들은 안도의 한숨을 쉬며 금세 밝은 표정을 지었다.

이렇게 세종은 젊은 문신들에게 휴가를 주며 자기 집이나 조용 한 곳에 가서 독서에 집중할 수 있게 했다. 젊은 문신 중 재주가 좋고 몸가짐이 단정한 사람을 선발하였는데, 사가독서를 받은 사 람은 대제학이 정해 준 규범에 따라 휴가를 즐기며 열심히 독서 를 해야 했다. 기간은 짧게는 몇 달, 길면 3년까지였고, 왕은 독서 에 필요한 비용뿐 아니라, 음식과 의복까지 내려 주었다. 그때부 터 계속 실시돼 온 사가독서 제도는 세조 때 집현전의 폐지로 없 어졌다가 성종 때 다시 부활했는데 이때부터는 독서당이라는 건 물을 따로 마련하기도 했다. 성삼문, 서거정, 이황, 정철, 이이, 류 성룡, 이항복 등 조선을 대표하는 인재들이 모두 이 제도의 혜택을 받은 인물들이다.

과거 세종은 《대학연의大學衍義》를 즐겨 읽었다. 여러 번 읽은 적도 많다고 한다. 처음 강연을 열었을 때 선정된 책 또한 《대학연의》였다. 《대학연의》는 송나라의 진덕수眞德秀가 사서四書 중 하나인 《대학》을 해설한 책이다. 대학大學의 체제는 수신修身, 제가齊家, 치국治國, 평천하平天下로 이루어져 있다. 특히 《대학연의》에는 나라를 다스리기 위해서 국왕이 해야 할 아홉 가지 덕목에 대해 적혀 있다.

❶ 수신修身: 자기 경영을 말한다.

❷ 존현尊賢: 현자를 존중한다.

❸ 친친親親: 친척 내지 친한 사람과 화목하게 지낸다.

❹ 경대신敬大臣: 나라의 원로를 존중한다.

❺ 체군신體君臣: 여러 신하들의 입장을 모두 받아 생각한다.

❻ 자서민子庶民: 어리고 연약한 백성들을 자식처럼 사랑한다.

❼ 래백공來百工: 전문 인력을 스카우트한다.

❽ 회원인懷遠人: 외국인을 포용하고 유화한다.

❾ 회제후懷諸侯: 주변국과 협력한다.

아홉 가지 덕목을 깊이 새겨 보면, 나라를 이끌어 가는 리더의 모습이 그대로 들어 있다. 이는 가정의 아버지나 어머니에게 그대로 해당된다.

세종 원년 3월 27일자 실록에 보면 《대학연의》를 종강하였다. 읽기 시작한 지 5개월 만에 드디어 책 한 권을 다 읽었다는 것이다. 그런데 세종은 읽기는 다 읽었으나 또 읽고 싶다고 말한다. '다시 상세히 읽겠다'는 것이다. 실제로 세종은 사흘 후에 2차 강독에 들어간다. 그리고 100여 일 만에 강독을 마친다. 그런데 세종은 그로부터 7년이 지난 세종 8년 7월에 3차 강독에 들어갔다. 남달리 총명했던 세종이 그처럼 《대학연의》를 연속적으로 강독은 이유가 무엇일까?

그것은 《대학연의》가 단순한 강독교재가 아니라, 세종 자신의 철학이 담겨 있기 때문이었다. 신하들과 함께 읽으면서 통치 철학을 알게 하고, 토론에서 내려진 결정을 권위 있게 받아들이도록 함이었다.

— 박현모의 《세종처럼》 중에서

세종은 신하들과 어떤 주제에 대한 토론, 즉 경연을 많이 했다. 역대 왕들은 40~80회의 경연을 했지만, 세종대왕은 1290번의 경연을 했다. 그만큼 신하들과 나라의 발전에 대해 토론하는 것을 좋아했고, 그 결과 훈민정음이 탄생했다.

경연은 단순히 고전을 두고 정책이나 현안을 논의하는 것이 아니다. 자유롭게 주고받는 대화 속에서 신하는 왕에게 의견을 말했고 왕은 신하의 말을 귀담아들었다.

세종은 신하가 말하도록 했다. 세종은 말하는 것이야말로 절실하고 강직해야 한다고 말했다. 경연은 세종의 뜻이 담겨 있는 집약체였다. 말하는 것은 창조적인 발상을 끌어내며 서로 경쟁하도록 만들었다. 세종은 이처럼 말을 통해 신하들의 경쟁을 유도했다.

이와 관련된 유명한 이야기가 있다. 어느 겨울날 세종은 내관을 불러 집현전에서 마지막까지 책을 읽고 있는 사람이 누구인지 알아보라고 한다. 내관은 집현전에 가본 뒤 세종에게 신숙주가 아직까지 책을 읽고 있다고 말한다.

새벽이 될 때까지 책을 읽던 신숙주는 그때서야 잠이 들고 말았다. 이에 세종은 자신의 수달피 조끼를 신숙주에게 덮어 주고 오라고 내관에게 명한다. 잠에서 깬 신숙주는 조끼를 보고 크게 감동받았다고 한다.

그런데 이 이야기가 퍼지자 신숙주와 경쟁관계에 있던 젊은 신하들이 신숙주를 경계하기 시작했다. 특히 성삼문이 크게 동요하자 세종은 서로 다른 방식으로 신하를 격려하는 것이라며 그대는 뛰어난 인재라 스스로 자신을 개척할 수 있지 않느냐고 오해를 풀어 주었다고 한다. 이후, 신숙주와 성삼문은 서로 경쟁하며 학문에 열중했다고 한다.

세종의 리더십에 대한 이야기를 하자면 박현모는 세종의 리더십 원천을 다음 네 가지로 보고 있다.

첫째, 세종은 왕업을 안존시키고 민심을 가라앉히기 위해, 자신의 의견에 반대하는 사람들의 의견까지 경청하는 자기 통제력의 소유자였다.

둘째, 인재를 기르고 적재적소에 배치하는 리더십이다. 세종에 따르면 사람은 누구나 장점과 함께 단점이 있는데, 중요한 것은 공적에 의해서 그의 허물을 덮을 수 있도록 하는 것이었다. 그리고 그것은 군주의 시대적 사명이자 정치의 고유한 영역이다.

셋째, 세제개혁 등 민생民生에 영향을 미치는 중요한 정책을 결정할 때, 신료들의 의견은 물론 일반 백성들의 여론까지도 수렴하는 숙의熟議의 정책결정 방식이다.

넷째, 명나라에 지성으로 사대외교를 하되, '파저강 토벌'과 이후 '4군6진 개척' 과정에서 중국의 지지를 얻어 핵심적인 국가이익을 확보하는 실용적 사대외교이다.

— 박현모의《세종의 수성 리더십》중에서

삼성의 인재경영은 어떨까? 이건희 회장의 말에서 실마리를 찾아보자.

알아야 하고知, 행동해야 하고行, 시킬 줄 알아야 하고用, 가르칠 수 있어야 하며訓, 사람과 일을 평가할 줄 아는 것評을 리더의 덕목으로 내세운다.

— 이건희의《생각 좀 하며 세상을 보자》중에서

삼성 신입사원 강의에 가면 확실히 열정이 뜨겁다. 삶에 대한 태도가 남다르다. 어디서 이런 총명한 인재들을 뽑아 왔을까 싶다. 강의를 듣는 눈에 빛이 난다. 삼성에 입사한 직원은 먼저 2주 가량 경기도 용인에 위치한 삼성인력개발원에서 그룹 입문 교육을 받는다. 신입이든 경력이든 상관없이 누구나 거쳐야 하는 과정이다. 삼성의 인재경영 철학은 먼저 삼성의 가치를 공유하는 것이기 때문이다. 삼성의 가치를 실천할 방법과 삼성의 조직, 세계적 위상 등을 교육받는다. 글로벌 비즈니스를 위한 필수 역량도 필수다. 물론 이건희 회장이 가장 중요시하는 독서는 기본이다.

삼성의 행보는 늘 남달랐다. 삼성은 1995년 입사 과정에서 서류 전형을 폐지하고 국내 기업 최초로 '열린 채용'을 도입했다. 당시 학력 제한을 두던 대기업 인사 풍토에서 꽤 파격적인 일이었다.

삼성의 인재상은 학력이 아닌 창의와 열정을 갖고 소통하는 가치 창조인이다. 일에 대한 열정은 물론 조직에 대해 자부심을 갖는 사람, 자기 주도적으로 학습하고 늘 앞서 변화를 선도하는 사람, 사회의 벽을 넘어 공감하는 소통으로 개방적 협업을 끌어내는 사람이다. 때문에 신입사원 교육, 직무 교육, 승진자 교육에서 이런 요소가 강조된다.

삼성이 운영하는 다양한 제도 중에 눈에 띄는 것들을 꼽아 보면 크게 세 가지다.

첫째, 지역전문가 제도다. 국제적인 감각을 지닌 삼성맨을 키우기 위해 만든 제도로 각 지역에 직원을 파견한다. 현지화된 직원을 목표로 한다.

둘째, 삼성MBA다. 대리급 이하를 대상으로 원하는 분야의 MBA를 취득할 수 있도록 회사에서 지원하는 제도다.

셋째, 승진자들을 위한 교육 제도다. 삼성에서는 간부로서 리더십을 키우기 위해 승진자 교육 과정을 거쳐야 한다. 이후 고참 부장급은 임원 양성 과정도 이수해야 한다.

삼성의 인재는 타고나는 게 아니다. 철저히 교육을 통해 만들어진다.

우수한 인재를 찾아내는 것도 중요하지만 그에 걸맞은 교육이 있어야만 진정한 삼성인이 된다는 게 삼성의 철학이다. 그래서 각종 교육에 시간과 돈을 아끼지 않는다. 또한, 인재가 활발하게 활동할 수 있도록 조직 시스템이 투명하게 운영된다.

삼성은 강한 조직력을 바탕으로 인재를 효율적으로 관리하고 육성한다. 세종의 인재경영과 닮은 점이 많다. 세종 또한 훌륭한 인재를 집현전 학사로 등용해 독서와 강연을 통해 꾸준히 교육하였다. 또한, 학사의 연구를 정책에 반영하도록 하여 그 능력을 세상에 펼칠 수 있게 했다. 삼성은 일찍이 세종이 보여준 인재경영의 노하우를 실행하고 있다. 적어도 내가 관찰한 삼성은 그렇다.

삼성이 강한
진짜 이유

·
·
·

    인재경영을 중시하는 회사라 해도 시스템이 탄탄하지 못하면 오랜 시간을 두고 사람을 키워 낼 수 없다. 그렇다면 한국의 대표 기업 삼성은 어떻게 강해질 수 있었을까?

    삼성三星이라는 단어는 1938년 대구에서 삼성상회를 설립할 때 처음 등장한다. 삼성이라는 의미를 풀면 삼三은 크고, 많고, 강함을 나타내며, 성星은 높고 영원히 빛나는 것을 의미한다. 다시 말해 삼성이라는 단어는 크게 빛나라는 뜻이다.

    삼성은 1993년부터 2013년까지 매출 1000퍼센트, 고용률 300퍼센트를 달성했다. 창립 이후 20년간 삼성은 비약적인 발전을 이루어 냈지만 시작은 미약했다. 1936년 이병철 창업주는 지인 두 명과 함께 작은 금액을 공동출자하여 마산에 '협동정미소'를 설립한다. 사업을 확장해 '마산일출자동차'를 인수하였으나 부동산 사업인 '토지매입사업'에서 실패를 겪는다. 그 후, 1938년 대구에서 '삼성상회'를 세워 재기를 노린다. 이 삼성상회가 지금의 삼성이다.

이병철 삼성 창업주의 기업가 정신은 사업보국事業報國과 인재제일人才第一이다. 사업보국은 사업으로 나라의 은혜에 보답한다는 뜻이며, 인재제일은 말 그대로 인재를 우선에 둔다는 의미다. 사업보국에 대해 이병철 창업주는 1976년 11월 전경련회보에서 이렇게 밝혔다.

"나는 기업을 인생의 전부를 알고 살아왔고, 나의 갈 길이 사업보국에 있다는 신념도 흔들림 없다."

인재제일에 대해서는 평소 이병철 창업주는 사람됨을 보고 인재가 재능을 한껏 펼칠 수 있도록 도와주는 스타일이었다.

특히, 인재를 중시하면서 그가 내세운 것은 용인철학用人哲學이었다. 사람을 쓰는 데 그만의 철학을 만들었다는 뜻이다. 그의 용인철학은 1982년 4월 삼성종합연수원을 준공하고 기념으로 로비

벽에 걸은 현판에서 알 수 있다.

국가와 기업의 장래가 모두 사람에 의해 좌우된다는 것은 명백한 진리이다. 이 진리를 꾸준히 실천해 온 삼성이 강력한 조직으로 인재 양성에 계속 주력하는 한 삼성은 영원할 것이며, 여기서 배출된 우리 회사의 인재는 이 나라 국민의 봉사자가 되어 만방의 인류 행복을 위하여 반드시 크게 공헌할 것이다.

용인철학에서도 세종의 인재경영을 엿볼 수 있다. 대표적인 사례는 황희다. 황희정승으로 유명한 황희는 원래 청백리가 아니었다. 오히려 문제가 있는 사람이었다. 대사헌의 자리에 있을 때 금을 뇌물로 받은 적도 있었고, 또한 세종이 대군으로 있을 때 왕위를 반대하기도 했다. 그런데 세종은 그를 등용한다. 황희는 자신을 믿고 등용한 세종을 위해 최선을 다했다. 세종의 믿음이 뇌물 받던 관리를 비가 새는 집에 사는 청백리로 만들었다. 황희는 조선 초기 국가의 틀을 잡는 데 큰 공을 세웠다고 한다.

세종은 이처럼 인재를 볼 때 과거에 연연하지 않고 재능만을 보았다.

사람의 마음人情이란 잃었던 직임職任을 그대로 다시 주면 그전의 허물을 벗기 위해 마음을 고치는 것이다.
—《세종실록》세종17년 6월 17일

또한 삼성에서는 세종과 마찬가지로 독서를 인재경영의 출발점으로 본다. 몰입독서야 말로 삼성과 그 경영자들의 성공 비결 중 핵심이다.

20대부터 40대까지 이건희 회장은 늘 공부했다. 그를 성장시킨 것은 고독이었다. 오늘날 이건희 회장을 있게 한 가장 큰 힘은 혼자 있는 고독의 시간이었다. 그는 혼자 있는 시간을 즐겼다. 자기계발을 위해 고독을 시간을 보냈는데 밤을 새워 책을 읽은 적도 많다고 한다. 이병철 창업주를 따라 낮에는 경영을 배우고 퇴근한 뒤에는 법률, 역사, 외국어 등 다양한 분야를 파고들었다.

세종과 이건희 회장의 공통점은 밤을 새울 정도로 책을 즐겨 읽었다는 것이다. 이건희의 성공 뒤에는 고독의 시간을 함께한 독서가 있었고, 독서야말로 그의 뿌리였다.

그렇다면 삼성의 임원들은 어떻게 독서를 할까? 김종원의《삼성의 임원은 어떻게 일하는가》에 따르면 그들은 바쁜 와중에도 신토피컬Syntopical 독서를 한다고 한다. 신토피컬 독서란 한 주제 아래 몇 권의 책을 엮어 읽는 것으로 여러 권의 책을 읽으며 어떤 주제에 대한 새로운 결론을 낼 수 있다고 한다. 한 주제에 대해 한 권의 책만 읽는다면 그 주제의 한 면만 보고 마는 것이다. 다양한 책은 다양한 시각을 기른다. 이 과정을 거치면 누구라도 주제에 대해 명확하고 해박한 정보를 얻을 수 있다.

이처럼 신토피컬 독서의 장점은 세상의 지식을 연결해 나만의 지식을 만들어 낸다는 것이다. 어떤 주제에 대한 심층적 지식은 단순히 책을 읽는 사람은 얻을 수 없는 보물과 같다. 삼성인들이 각자의 분야에서 최고의 성과를 낼 수 있었던 것은 이런 신토피컬 독서의 힘이 있었기 때문이다.

독서로 효과를 보려면 사색을 해야 한다. 책을 읽은 후 사색하는 과정은 크게 세 단계로 나눌 수 있다. 작가에 대한 조사, 숙성 과정, 그리고 필사다. 사색은 책을 단순히 글자를 읽는 데 그치지 않고 저자의 의도를 읽게 만든다. 사색을 통해 깨달음을 얻는다면 더할 나위 없이 좋은 독서가 될 것이다.

삼성에서 임원이 되는 자격은 인사고과 때 3년 연속 A등급 이상을 받고, 업적 기여도가 탁월해야 한다. 이외에 업무 자세, 대인관계, 조직관리 능력, 사업 실패 사례 등도 평가된다. 또한, 부정이 없어야 하고 사생활에 결격사유가 없어야 한다. 강한 책임감을 갖고 자신의 업무에 집중하는 도덕성을 갖춘 사람이 자격 요건인 셈이다. 때문에 삼성 임원의 문은 지방대 출신, 고졸, 여성 모두에게 열려 있다. 문이 열려 있는 만큼 삼성 직원들은 모두 회사 생활에 성실하기로 유명하다. 독서의 중요성 또한 이런 상황에서 더욱 빛을 발했을 것이다. 노력하는 사람이 되기 위해 그들은 오늘도 끊임없이 책을 읽는다.

이처럼 삼성의 뿌리는 세종의 인재경영이다. 삼성이 세계적인 기업이 되는 과정에는 세종의 재임기간처럼 끊임없는 토론과 독서 그리고 인재경영이 있었다. 이병철 창업주로 이어지는 세종의 인재경영은 삼성 문화에 깊게 자리 잡았다. 오늘도 삼성은 세종을 배우며 앞서가고 있다.

8장.

삼장법사에게
배운
마윈의
리더십

훌륭한 리더는
부하가 리드할 수 있도록
교육한다.

- 마윈 알리바바그룹 회장

서유기에서
답을 찾다

⋮

　　"삼장법사는 좋은 리더입니다. 손오공을 통제하는 방법을 알았고, 적시에 머리를 조여서 혼내기도 했습니다. 저팔계는 결점이 많았으나, 큰 잘못을 범하지 않았기에 필요할 때 꾸짖어 주었습니다. 사오정에게는 자주 격려의 말을 했습니다. 이렇게 훌륭한 조직을 만들었습니다."

　　요즘 중국과 세계 온라인 상거래시장을 뜨겁게 달구고 있는 키 작은 영웅, 알리바바그룹의 회장 마윈馬云. 그의 리더십은 중국 고전《서유기西遊記》의 삼장법사에서 뿌리를 찾을 수 있다.

　　《서유기》에 등장하는 삼장법사의 원래 법명은 현장玄奘이다. 명나라 때 작가 오승은은 실제 현장스님의 행보를 모티브로《서유기》를 지었다고 한다.

삼장법사는 《서유기》에서 특별한 재주는 없지만 천축天竺(지금의 인도)에 가서 불경을 구해 오겠다는 굳은 의지로 손오공과 저팔계 그리고 사오정을 통솔한다.

손오공은 머리가 좋고 뛰어난 재주가 있었지만 삼장법사를 만나기 전까지 말썽꾸러기였다. 저팔계는 특유의 유머 감각이 있었지만 능력이 부족했고, 사오정은 비관주의자였다. 서로 다른 세 인물은 삼장법사와 함께 천하의 제일가는 팀을 이루었다. 리더 삼장법사가 있기에 가능했다.

《서유기》속 삼장법사는 다른 이들과 비교해 볼 때 무척 평범한 인물로 보인다. 이런 그이지만 손오공, 저팔계, 사오정 같이 서로 다른 능력을 지닌 제자들을 이끌고 서역西域에 도착에 불경을 얻는다. 삼장법사는 유약해 보여도 실제로는 팀을 하나의 목표를 향해 성공적으로 이끄는 리더였다. 삼장법사에게는 특별한 능력이 분명이 있다. 모두를 아우르는 리더십이 그 능력이다.

마윈은 이런 삼장법사와 무척 닮았다. 삼장법사를 마윈의 인문학적 뿌리라고 해도 크게 틀리지 않을 것이다. 162센티미터의 작은 키에 볼품없는 외모, 거기다 하버드대학교에 열 번이나 입학 지원을 거절당했던 사람이 마윈이다. 입사 시험에서도 수십 번이나 고배를 마셨다. 어쩔 수 없이 택한 밥벌이가 항저우의 평범한 영어 교사였다. 이런 그가 2013년 기준 중국 GDP의 약 3.5퍼센트에 달하는 250조 원의 경이적인 매출을 기록한 전 세계 최대 전자상거래기업을 일궜다? 상상 속의 이야기가 아닌 현실에서 벌어진 일이다. 어떻게 가능했을까? 그의 말을 들어 보자.

"성공한 기업들만 보면서 이미 그들이 시도했기 때문에 기회가 없다고 불평하지 마십시오. 기회는 누구에게나 열려 있고, 특히 사람들이 불평하는 곳에 있습니다. 그 불평을 기회로 여기고 적극 해결하려고 노력하는 사람이 성공할 수 있습니다."

그가 말하는 성공의 조건은 단순하다. 사람들의 말, 특히 불평에 귀를 기울이고 그 문제를 해결하는 것에 초점을 맞추는 것이다. 초점을 맞추면 문제 해결에 적극적으로 나서야 한다.

그가 걸어왔던 길은 현재 고통 받고 있는 2, 30대 청년에게 시사하는 바가 크다. 열악한 환경만 탓하는 사람에게 현실을 박차고 나아가야 한다고 그의 인생은 답한다.

마윈 회장이 하버드대에서 연설을 할 당시 성공 비결을 묻는 학생의 질문에 이렇게 답했다고 한다.

"제겐 세 가지 성공 비결이 있습니다. 첫째 저는 돈이 없었기에 한 푼의 돈도 귀하게 사용했고, 둘째 IT기술에 무지했기에 이 분야의 최고 인재들을 고용해 그들의 의견에 귀 기울이며 나처럼 평범한 사람이 이해할 수 있도록 사이트를 만들었으며, 셋째 계획을 세우지 않았기에 변화하는 세상에 발맞추어 변화해 갈 수 있었습니다. 말하자면, 끊임없이 변화하는 것이 가장 좋은 계획이었던 셈이죠."

삼장법사형 리더십은 마윈의 경영 철학 곳곳에서 드러난다. 그는 자신이 아닌 직원들을 기업 경영의 중심에 놓는다. 기술 중심의 기업을 운용하고 있지만 회사는 기술이 아닌 그 회사만의 문화로 성장한다고 믿는 그다. 직원 개개인 모두 즐겁게 업무에 일할 때 회사가 발전할 수 있다는 생각이다.

또한, 배포가 남달라 경쟁자를 무찌르고 혼자만 살아남는 경영을 추구하지 않는다. 전 세계의 크고 작은 판매업체가 활발하게 거래할 수 있는 환경을 조성해야 판매업체는 물론 회사의 이익도 발생한다고 말한다.

마윈이 생각하는 회사의 핵심 역량은 한마디로 '사람'이다.

나무보다 숲을 보는
삼장법사형 리더

⋮

삼장법사형 리더는 어떤 리더일까?

현문학 기자의 〈중국 CEO들 삼장법사에 열광하는 이유〉 기사와 장옌의 《알리바바 마윈의 12가지 인생강의》 책을 토대로 나름대로 삼장법사형 리더와 마윈의 공통점을 분석해 보았다.

먼저 삼장법사에 대해 자세히 알아보도록 하자.

리더는 하나의 목표를 가지고 어떤 위험이 있더라도 팀원을 이끄는 힘이 있어야 한다.

《서유기》에 등장하는 삼장법사는 보통 사람과 달랐다. 그는 손오공 같은 똑똑한 사람만 데려가면 편했을 텐데, 저팔계를 일행에 합류시킨다. 손오공은 영리하나 자주 실수를 했기 때문이다. 회사에서도 손오공 같은 사람만 있다면 회사 업무가 원활하게 이루어지지 못할 것이다. 때문에 그는 저팔계를 한 팀에 넣었다. 저팔계는 어리석은 성격으로 먹는 것만 좋아하고 게을렀다. 그러나 삼장법사는 저팔계의 유머 감각을 발견했다. 나중에 합류한 사오정은 다른 것은 몰라도 무척 부지런한 성격이었다. 회사로 치자면 기본적으로 하루 여덟 시간 이상씩 성실히 일하면서도 불만이 없는 직원으로 비유할 수 있을 것이다.

이렇듯 서로 다른 성향의 네 사람은 우여곡절을 겪으며 서역으로 향한다.

삼장법사는 어떻게 팀을 이끌어야 하는지 알고 있었다. 기업의 리더 중에도 이런 삼장법사형이 많다. 삼장법사형 리더의 특징은 다음과 같다.

첫째, 자원을 효율적으로 관리할 줄 안다. 사람도 효율적으로 다룬다. 그러면서 구성원이 다 같이 협력한다면 더 큰 시너지 효과를 불러올 것이라고 굳게 믿는다. 예리한 직감으로 좋은 사람, 나쁜 사람을 구분해 내며 좋은 구성원의 실수를 눈감아주는 관용을 베푼다. 결과적으로 좋은 구성원은 리더의 후원 아래 자신의 열정을 최대한 끌어낸다.

둘째, 뚜렷한 목표가 있다. 삼장법사형 리더는 무엇보다 명확한 목표를 정하는 데 중점을 둔다. 명확한 목표를 가진 리더야말로 회사에 활력을 가져올 것을 알고 있었기 때문이다.

셋째, 완강한 정신력을 가졌다. 회사를 경영하다 보면 이런저런 문제에 직면하고는 한다. 위기 앞에서 리더는 완강한 정신력으로 의지를 발휘해야 한다. 그렇지 않으면 자신뿐만 아니라 조직원 모두 무너지고 만다. 삼장법사형 리더는 강한 믿음으로 무장한다.

넷째, 격려의 중요성을 알았다. 다그치기만 해서는 회사가 발전할 수 없다. 삼장법사형 리더는 조직에 열정을 불러일으키기 위해서는 격려가 필요하다는 것을 알았다. 격려는 직원 개개인의 잠재력을 발굴해 내고 일에 집중하게 만든다. 이를 통해 회사는 원하는 목표를 달성할 수 있는 것이다.

삼장법사형 리더십에서는 권력이 한곳에 머물지 않는다. 마윈은 임원들에게 3개월에서 6개월 사이에 자신을 능가하는 부하를 키울 것을 주문했다. 영원히 승진할 수 없을 것이라고 엄포를 놓기도 했다. 마윈은 리더란 자신이 가진 권력의 일부를 부하 직원에게 넘길 줄 알아야 한다는 철학이 있었다. 권력이 움직일 때 조직은 발전한다는 생각이다. 그는 이렇게 말했다.

"훌륭한 리더는 모든 일을 하는 게 아니라 부하가 리드할 수 있도록 교육합니다. 권력만큼 책임도 분담할 수 있어서 직원의 능력을 단련하고 직원의 적극성을 향상시키는 데 안성맞춤이죠."

삼장법사형 리더십은 소통에서 시작한다. 소통은 문제 해결을 위한 기본이자 회사를 이끌어 가는 핵심이다. 소통을 통해 골칫거리를 해결하고, 모든 직원을 업무에 참여하도록 만든다. 이처럼 삼장법사형 리더란 자신보다 먼저 남을 배려하는 사람이다. 물론 회사 업무에도 적극적으로 다가가야 한다.

존경심은
쟁취하는 게 아니다

.
.
.

전통적으로 중국인이 선호하는 리더 유형은《삼국지三國志》에 나오는 유비형이다. 하지만 요즘에는 삼장법사형 리더가 주목받고 있다.《서유기》에 나오는 삼장법사는 불가에서 아무나 얻는 직함이 아니다. 일종의 전문가로서 실제로 까다로운 절차에 의해 부여되는 이름이다.

삼장三藏은 '세 개의 광주리'라는 뜻으로 교리의 세 가지 요소라고 할 수 있는 경經, 율律, 론論을 의미한다. 즉, 삼장이라는 이름으로 불리는 것은 그 스님이 불교 교리에 정통했다는 것을 의미한다.

삼장법사는 미얀마, 태국 등 남방불교에서 주로 뽑는데, 절차가 매우 까다롭다. 경, 율, 론을 이해하는 것을 넘어 통째로 암기해야 하기 때문이다. 8000페이지가 넘는 삼장을 한 글자도 틀리지 않아야 해서 시험에 통과하는 스님이 7, 8년에 한 명 나올까 말까다. 때문에 삼장법사가 되면 사람들의 존경을 한 몸에 받는다고 한다.

《서유기》 속 삼장법사의 모델인 현장스님은 어땠을까? 그는 17년 동안 서역을 돌며 사리 150과, 불상 8체, 경전 520권 657부를 들고 온 인물이다. 이처럼 고난을 감수하면서도 불교의 원형을 찾아가고자 한 노력은 이후 동아시아의 불교에 큰 영향을 끼쳤다. 지금의 시안西安에 세워진 자은사에는 현장스님이 인도에서 직접 가져온 경전과 불상이 봉안돼 있고, 그를 기리는 동상이 있다고 한다.

현장스님과 같은 스님을 '구법승'이라 부른다. 구법승은 불경佛經을 들고 구법求法, 즉 법을 구하러 떠나는 승려를 일컫는다. 우리나라의 대표적인 구법승은 《왕오천축국전往五天竺國傳》을 지은 혜초慧超스님이다. 《왕오천축국전》에는 서역 각 나라의 풍속과 문화에 대한 기록도 있지만, 구법승이 겪었던 고초들도 기록되어 있다.

인도로 가는 험한 여정을 거치는 동안 많은 구법승이 돌아오지 못했다고 한다. 그만큼 힘들고 고된 길을 떠났던 이유는 무엇이었을까? 돌아오지 못한다 해도 자신으로 인해 불교가 더욱 견고해지기를 바랐기 때문이다. 실제로 현장스님으로 인해 동아시아의 불교학과 불교문화 등은 더욱 융성해졌다. 이들의 노력 덕분에 불교는 동아시아에서 자리 잡을 수 있었다.

이처럼 역사 속 삼장법사들은 묵묵히 자신의 길을 헤쳐 나가며 많은 사람을 이롭게 해왔다. 이런 의미에서 종교를 떠나 삼장법사는 이기심보다 공동체 이익을 우선하는 새로운 리더형으로 불릴 만하다.

무협지도
훌륭한 경영 교과서

. . .

젊은 시절 마윈은 수많은 좌절을 겪었다. 고난은 결과적으로 성장의 보약이 됐다. 고통 하나하나가 계단이 되어 정상에 이르게 한 것이다. 고난의 늪에서 허우적거릴 때마다 그에게 희망과 용기를 던져 준 생명의 동아줄은 역시 독서였다. 그는 《서유기》뿐만 아니라 즐겨 읽던 진융金庸의 무협소설에서도 경영 전략을 발견했다고 한다. 나는 진융이라는 인물이 궁금해 자료를 찾아보았다.

진융 소설은 1950년대 신문에 연재되면서부터 수많은 중국인들이 그의 작품을 애독하고 끊임없이 연속극과 영화로 재생산되고 있다. 지금도 TV에서 지속적으로 재방송되는 것을 보면 그의 작품이 '중국인다움Chineseness'의 어떤 부분을 잘 파악해 형상화시켰다고 말할 수 있을 것이다. 그리고 대륙과 홍콩, 타이완 그리고 여러 지역의 화인華人들을 통합integration시키는 기제의 가능성도 가지고 있다.

— 계간《아시아Asia》제34호 2014 가을 중에서

아, 무협지의 대명사인 '김용'이 중국어 발음으로 진융이었다! 우리나라에서도 무협지를 좀 읽었다는 사람들은 김용이라는 이름이 더 친숙할지 모르겠다.

무협지 마니아뿐만 아니라 현대의 중국과 중국인을 연구하는 사람이라면 진융은 연구 대상일 수밖에 없다. 동양의 고전들이 중국식 사고의 뿌리를 설명한다면 진융의 작품들은 중국인의 상상력을 읽을 수 있는 텍스트이기 때문이다.

어렸을 때부터 진융 소설을 즐겨 읽었던 마윈은 소설적인 발상을 많이 했다. 그중 하나가 계산기로는 답이 안 나오는 무료 전략이다. 그는 남들과 달리 처음부터 돈 벌 생각을 하지 않고 먼저 전자상거래시장을 키우자는 전략을 세웠다. 당시 미국의 이베이를 비롯한 다른 전자상거래업체가 판매업체에게 고객을 연결한다는 명목으로 판매 수수료를 받았는데, 알리바바에서는 파격적으로 공짜로 판매업체가 고객을 연결해 주었다. 전략은 먹혀들었고 이베이는 결국 중국 시장에서 철수했다.

진융 소설에서 나온 마윈만의 독특한 발상은 이렇다.

먼저 알리바바의 직원들에게 그는 풍청양風淸揚으로 통한다. 스스로 그렇게 부르기도 한단다. 풍청양은 진융의 소설《소오강호笑傲江湖》에 나오는 고수의 이름이다. 무협지 마니아인 마윈은 자신의 집무실을 도화도桃花島, 회의실을 광명정光明頂이라 부른다. 모두 진융이 쓴《사조영웅전射雕英雄傳》에 등장하는 장소들이다.

단순히 마윈이 진융의 소설을 좋아했기 때문에 그러했던 것은 아니다. 무협소설의 인물이나 장소를 별칭으로 정한 것은 중국다움을 과시하고자 함이었다. 또한 각자 능력이 있는 고수들의 이름을 정해 주어 개인의 잠재된 능력을 발휘하기를 바랐다. 무협소설조차 회사에 이로운 방향으로 활용한 것이다.

이렇게 보면 책은 그 자체로 가치를 따질 수 없다. 시간 때우기에나 적당해 보이는 책이라도 읽는 사람에 따라 활용도가 다르기 때문이다. 어떤 책이든 좋다. 그 책에서 당신의 인생을 더 윤택하게 만들 수 있는 수단을 발견하길 바란다.

칭기즈칸 vs 마윈

.
.
.

    나폴레옹 1세가 점령했던 땅은 넓었다. 그전에 알렉산드로스 대왕은 나폴레옹이 점령한 땅보다 훨씬 많은 땅을 점령했다. 하지만 800여 년 전 이들보다 더 많은 땅을 점령한 사람이 있었으니, 바로 칭기즈칸Chingiz Khan이다. 그는 어린 시절 문명의 혜택을 받지 못하고 자랐지만 그야말로 '해가 뜨는 곳에서 해가 지는 곳까지' 점령했다.

    인터넷 산업의 변방에서 시작해 미국 나스닥 시장까지 영향력을 미치고 있는 마윈은 칭기즈칸을 닮았다. 말이 아닌 인터넷으로 세계시장에서 영토를 늘려가고 있는 형세다. 칭기즈칸에게 푸른 군대가 있었다면 마윈에게는 수만 명의 알리바바 임직원들이 있다. 마윈은 수만 명의 직원들 마음을 한데 모아 세계를 향해 나아간다. 이런 모습은 결코 평범하지 않다. 칭기즈칸도 이런 불후의 명언을 남기지 않았던가.

"나를 극복하는 그 순간 나는 칭기즈칸이 되었다."

칭기즈칸은 철저한 현실주의였다. 인재를 발탁해 쓰면서 일단 등용하면 가능한 모든 권한을 주면서 신뢰했다. 끝없이 정복 욕구에 휩싸여 있는 지도자, 칭기즈칸을 두고 몽골인들은 이렇게 말했다고 한다.

"그가 물로 가라 하든, 불로 가라 하든, 나는 간다. 그를 위해 간다."

참으로 대단한 신뢰와 충성이다.

현대판 몽고제국이라고 할 수 있는 알리바바의 사훈은 무척 심플하다.

즐겁게 일하고 즐겁게 살자

마윈 회장에 대한 직원들의 존경심은 상당하다. 현재 직원은 물론 퇴직한 이들도 마찬가지다. 즐겁게 일하고 즐겁게 살자는 내용의 심플하고도 강력한 사훈은 모두 함께 꿈을 키우는 회사를 만들었고, 그를 존경하게 만들었다.

다시 칭기즈칸의 이야기를 해보자.

칭기즈칸이 살던 시절은 전쟁의 연속이었다. 가난과 고통 속에서 살아남기 위해 그들은 빼앗아야 했다. 뺏기지 않으면 뺏기고 말았다. 죽이지 않으면 죽음뿐이었다. 그것이 그때 몽골인의 삶이었다. 그런 까닭에 칭기즈칸의 어머니는 적의 애인을 뺏어 칭기즈칸을 낳았고, 칭기즈칸 역시 아내를 적에게 뺏긴다. 아내를 되찾기 위해 싸웠던 게 그에게 첫 번째 승리를 안겨 주었다. 빼앗긴 아내를 다시 되찾았을 때는 이미 아내가 적의 아기를 임신한 후였지만 말이다.

칭기즈칸 군대에게 전쟁터는 곧 배움터였다. 어느 곳이던 성장을 위한 교두보였던 셈이다.

이런 이유로 반항하는 적을 무참히 죽이는 와중에도 기술자들은 최고로 대접했다. 그래서 천문학자, 재판관, 의사, 요리사들의 얼굴 모양과 인종이 무척 다양했다. 그들은 몽골초원에서 살아남기 위해 사자의 강인함과 여우의 교묘함으로 타협할 줄 알았다. 사람의 귀가 입보다 위에 있는 것은 경청의 힘이 그만큼 대단하기 때문이다. 몽골인들은 뛰어난 이들을 스승으로 삼기도 하면서 남의 말에 귀를 기울였다.

그 배경에는 남다른 인재관리 시스템이 있었다. 철저한 능력

위주의 제도로 인재를 적재적소에 배치했다. 칭기즈칸은 그를 거역하는 이들에겐 혹독했지만 관용을 베풀 줄 알았다. 그는 병사들과 똑같이 먹고 같이 훈련했다. 푸른 군대의 명성은 그렇게 만들어진 것이다.

알리바바의 마윈은 말한다.

"우리는 B2BBusiness to Business(기업 간에 이루어지는 전자상거래를 일컫는 말)의 전자 비즈니스 회사를 세울 것입니다. 목표는 세 가지입니다. 첫째는 80년 동안 살아남는 회사를 만드는 것이고 둘째는 중국의 중소기업을 위해 일하는 회사를 만드는 것이며 셋째는 세계에서 가장 큰 전자 비즈니스 회사를 만들어 전 세계 10대 사이트의 하나로 자리 잡는 것입니다. 지금부터 우리는 아주 위대한 일을 할 겁니다. 인터넷 서비스 모델에 혁명을 가져올 거예요! 캄캄한 어둠 속을 다 같이 더듬어 나가면서 함께 외칩시다. 제가 함성을 지르며 앞으로 달려갈 때 여러분은 당황할 필요가 없습니다. 큰 칼을 치켜들고 계속 앞으로 나가세요. 함께 전진하는데 두려울 일이 뭐가 있겠습니까?"

한 사람의 꿈은 꿈일 뿐이지만, 여러 사람의 꿈은 현실이 된다. 칭기즈칸이 자신의 꿈을 모든 병사와 공유하여 마음을 얻었듯이 마윈 회장도 꿈을 나누어 직원들의 마음을 얻었다. 칭기즈칸이 자신의 주위에 꿈을 믿는 사람들을 배치했듯이 마윈 역시 자신을 믿어 주는 사람을 채용했다.

같은 꿈을 꾸었다는 것은 한곳에 꿈을 고이게 하는 것이 아니라 늘 변화하는 세상에 꿈을 던지는 것이다. 성을 쌓고 사는 자는 반드시 망할 것이고, 끊임없이 이동하는 자만이 살아남는다는 유목민의 정신, 이 시대의 변화하는 자만이 살아남는다는 의미와 상통한다.

다시 마윈의 성장 과정을 살펴보면, 그에게는 몇 차례 운명적인 만남이 있었다.

첫 번째 만남은 중학교 때 영어 선생님이었는데 그는 영어 선생님을 짝사랑하게 된 후 미친 듯이 영어 공부를 했다고 한다.

두 번째 만남은 야후 창업자인 제리 양Jerry Yang이다. 마윈은 제리 양의 만리장성 여행의 단독 가이드를 맡아 그에게 자신의 비전을 이야기했다.

세 번째 만남은 소프트뱅크 손정의 회장이다. 제리 양은 마윈의 비전을 듣고 손정의 회장과의 만남을 주선하였고, 손정의 회장은 마윈의 6분 브리핑을 듣고 흔쾌히 2000만 달러를 투자한다. 고수가 고수를 알아보는 순간이었다. 그 후, 손정의 회장은 투자 금액의 3000퍼센트에 다하는 수익을 올린다. 흙속의 진주를 알아보는 눈이 있었기에 가능한 일이었다.

세월은 흘러 칭기즈칸은 야생마를 사냥하던 중 돌진하는 야생마에 말이 놀라 뛰어오르면서 낙마하고 만다. 크게 다친 그는 얼마 안 가 죽음을 맞는다. 그의 시신은 오논강 상류 근처에 묻혔다고 하는데, 평소 그의 마음의 고향이었다고 한다. 한편 시신을 옮기는 과정에서 잔인한 일이 벌어졌는데, 시신이 지나가는 길에 만난 모든 생명을 다 죽여 버린 일이다. 바로 비밀 유지 때문이었다. 그래서 비밀리에 매장을 마친 후 800여 명이 기병이 그 땅을 밟아 다져 매장 흔적을 완전히 지워 버렸다. 800년이 지난 지금도 아무도 그의 무덤이 어디 있는지 모른다.

칭기즈칸은 살면서 21년 동안 수많은 전투를 겪었다. 그리고 마지막까지 그는 전쟁 속에 살았다.

마윈은 최근 중국에서 가장 많은 돈을 번 인물 중에 하나로 꼽힌다. 하지만 계산이 빠르고 과감하다는 평가와 달리 그는 자신의 부를 가두는 것이 아니라 오히려 많은 사람들이 함께 성장하기를 바란다. 좌절을 겪으며 누구보다 노력이 답이라는 것을 알고 있었던 마윈은 절망에 빠진 사람들에게 이렇게 말한다.

"오늘은 잔인하지만, 내일은 더 잔인할 것이다. 그러나 모레는 진짜 아름다울 것이다. 하지만 대다수 사람들은 내일 저녁에 죽어 버리고, 모레의 태양을 보지 못한다."

✉ 칭기즈칸의 어록

집안이 나쁘다고 탓하지 말라.
나는 아홉 살 때 아버지를 잃고 마을에서 쫓겨났다.
가난하다고 말하지 말라.
나는 들쥐를 잡아먹으며 연명했고, 목숨을 건 전쟁이 내 직업이고 내 일이었다.
배운 게 없다고, 힘이 없다고 탓하지 말라.
나는 내 이름도 쓸 줄 몰랐으나 남의 말에 귀 기울이면서 현명해지는 법을 배웠다.
너무 막막하다고, 그래서 포기해야겠다고 말하지 말라.
나는 목에 칼을 쓰고도 탈출했고, 뺨에 화살을 맞고 죽다 살아나기도 했다.
적은 밖에 있는 것이 아니라 내 안에 있었다.
나는 내게 거추장스러운 것은 깡그리 쓸어버렸다.
나를 극복하는 그 순간 나는 칭기즈칸이 되었다.

9장.

천재의
뇌에
접속하다

성찰하지 않는 인생은
살 가치가 없다.

- 소크라테스

잡스는 왜
소크라테스와의 점심을 꿈꿨나

투자의 귀재 워런 버핏Warren Buffett과 점심 한 끼를 하는 데 얼마나 들까? 2014년 미국의 한 온라인 경매 사이트는 워런 버핏과 점심을 함께하는 행사를 경매에 부쳤다. 낙찰가는 217만 달러. 우리 돈 약 22억 원을 제시한 사람은 싱가포르 출신의 앤디 추아라는 사람이었다. 낙찰자에게는 최대 일곱 명의 사람을 데리고 뉴욕 맨해튼Manhattan에 있는 스테이크 전문 식당에서 버핏과 점심을 함께하는 특권이 주어졌다.

워런 버핏은 2000년부터 해마다 자신과의 점심식사를 경매에 부치고 있다. 몇 해 전엔 무려 낙찰가가 346만 달러(약 40억 원)로 치솟기도 했다.

누군가와의 식사에 상상이 안 되는 조건을 제시한 인물도 있었다. 바로 스티브 잡스다. 그는 소크라테스와 오후 반나절을 보낼 수 있다면 회사가 소유하고 있는 모든 기술과 맞바꿀 수 있다고 말했다. 왜 그는 어마어마한 조건을 걸면서까지 소크라테스를 만나고 싶어 했을까?

잡스는 천재와의 만남이 그 어떤 돈과 비교될 수 없다는 것을 알았다. 천재는 날아다니는 생각을 잡아내는 능력이 있다. 소크라테스와 같이 점심을 하는 것은 천재의 뇌에 접속하는 순간을 의미한다.

소크라테스와 스티브 잡스가 다른 세상에서 만나 점심을 같이 한다면 무슨 이야기를 나눌까? 사람과 사람의 관계보다 물질과 물질의 관계가 더 중시되는 요즘, 그들이 만나면 어떤 대화가 오갈까?

2015년 인터브랜드Interbrand 기준으로 애플Apple Inc.의 브랜드 가치는 1700억 달러 수준이다. 정말 잡스가 회사의 기술과 맞바꿀 수 있다면 소크라테스와의 점심 역시 이 정도 가치로 매길 수 있을 것이다. 잡스가 이렇게 천문학적 수치의 금액을 제시하면서까지 소크라테스를 만나고 싶어 한 이유도 그만큼 특별할 것이다. 갖가지 자료를 분석하던 중에 지난 2005년 스탠포드대학교 졸업식에서 그가 한 졸업식 축사 내용에서 궁금증의 실마리를 찾을 수 있었다.

"만약 오늘이 내 인생의 마지막 날이라면, 오늘 내가 하려는 일을 과연 할 것인가? 계속해서 '노!'란 답을 며칠간 해야 했을 때 나는 어떻게든 변해야 한다는 것을 직감하게 되었습니다. 곧 죽게 된다는 생각은 인생에서 중요한 선택을 할 때마다 큰 도움이 됩니다. 사람들의 기대, 자존심, 실패에 대한 두려움 등 거의 모든 것들은 죽음 앞에서 무의미해지고 정말 중요한 것만 남기 때문이죠. 죽을 것이라는 사실을 기억한다면 무언가 잃을 게 있다는 생각의 함정을 피할 수 있습니다. 당신은 잃을 게 없으니 가슴이 시키는 대로 따르지 않을 이유도 없겠죠."

짐작컨대 잡스는 소크라테스의 가르침을 몸소 실천했음을 알 수 있다. 그는 매일 아침 거울을 보며 성찰하는 삶을 살았다. 하루를 어떻게 보내야 할지 늘 자신에게 물었다. 그는 매일 최선의 삶을 살고자 했다.

소크라테스는 고대 그리스의 최고의 교육자였다.

그는 '인간의 조건은 무엇인가', '우리는 어떻게 늙어가야 하며 죽음이란 무엇일까', '우리의 최종 목표는 무엇인가' 등 인간의 삶의 진리를 탐구했다. 이처럼 고대 그리스 철학자들은 하나의 명제를 탐구하며 토론했다. 그중 핵심 주제는 최고선과 삶을 살아가는 방식이었다. 소크라테스는 인간에게 참된 지혜는 무엇일지

늘 고민했다.

소크라테스는 힘주어 말했다.

"성찰하지 않는 인생은 살 가치가 없다."

어찌 보면 우리가 책을 읽는 이유는 자기 성찰을 위해서다. 운동을 하는 것도, 명상을 하는 것도, 모두 자기 성찰의 시간이다. 다이어트의 시작도 자기 성찰에서 시작되고 반듯하게 잘 살고 싶은 욕망에서 시작된다.

세상이 아름답기만 하다면 우리는 자기 성찰을 해야 할 이유가 없다. 가치 있는 삶을 살고자 노력하지 않아도 된다. 그러나 세상은 혼란스럽고, 미래는 불확실하다. 풍파 속에 흔들리는 나를 바로 세우기 위해서는 삶의 본질을 돌아보고 인식하고 사고하고 행동하는 방법을 알아야 한다. 이 과정이 바로 자기 성찰이다.

인문학의 힘은 지식을 아는 데서 나오지 않는다. 생각하는 데서 나온다. 알든 모르든 어떤 주제에 대해 생각하고 성찰하고 실천하는 것이 인문학적 삶이다. 잡스는 삶의 본질을 찾아 매 순간 탁월함을 추구하는 삶을 살았다.

스티브 잡스는 탁월함에 대해 다음과 같이 말했다.

"누구나 자신만의 탁월함을 가지고 있습니다. 그것은 다른 사람이 보기에 특별할 수도, 보잘것없을 수도 있습니다. 그것이 특별하든 보잘것없든, 각자가 가진 탁월함을 자기의 특성으로 만드는 것이 바로 생각 확장의 힘입니다. 지금 떠오르는 생각은 흩어진 점에 불과할지도 모르지만, 이 생각들이 언제 어느 순간 이어져 인생을 바꿀 아이디어가 될지 모릅니다. 사소한 것부터 집중하면서 자신의 모든 능력을 발휘할 수 있도록 매 순간 최선을 다하십시오. 그러면 삶이 놀라운 보답을 선사할 것입니다."

이 대목에서 잡스와 소크라테스의 점심식사 자리가 마련되었다고 상상해 보자. 스티브 잡스가 삶의 철학에 대해 '항상 갈망하고, 항상 우직하게Stay Hungry Stay Foolish'라고 이야기한다면 소크라테스는 과연 뭐라고 답할까?

낭만주의를 동경하는
기술 혁명가

많은 사람들은 잡스의 경영 철학을 파악하기 위한 핵심 키워드로 인문학을 든다. 잡스는 평소 자신이 기술과 인문학의 사이에 있으며, 애플의 DNA에는 기술뿐만 아니라 인문학도 녹아 있다고 강조했다. 잡스가 말하는 인문학은 때론 원색적이고 강렬한 인상을 불어넣는다.

제품은 섹스다. 스크린 위의 단추들이 너무 예뻐서 여러분은 그것을 핥고 싶어질 것이다.

—《포춘Fortune》, 2000년

이처럼 잡스는 제품을 만들어 낼 때도 단순히 기계가 아닌 특별한 기계를 만들고자 했다. 그때마다 그는 자신만의 창의성을 발휘하였다. 그의 창조의 바탕에는 기존 고정관념을 뒤집는 데서 출발했다. 그는 어느 곳에서든 창조가 중요하다고 말했다. 기계도 마찬가지다. 낭만이 없는 기계는 지루할 수밖에 없다.

> 우리는 이 산업에 낭만과 혁신을 불어넣었다.
> — 아이맥iMac 발표 공식 성명, 1998년

이처럼 잡스는 낭만을 좋아하는 낭만주의자였다. 그의 '낭만' 정신에 영향을 끼친 사람은 영국의 낭만주의 시대의 선구자로 평가받는 시인이자 화가, 윌리엄 블레이크William Blake라고 할 수 있다. 잡스는 아이디어가 떠오르지 않을 때마다 블레이크의 시를 읽으며 새로운 아이디어를 구상했다고 한다. 잡스에게 낭만주의는 단순한 낭만이 아닌 사람의 신뢰와 고양을 통한 희망과 낙관을 의미한다.

잡스는 한때 애플에서 쫓겨나 넥스트NeXT를 세울 당시 이렇게 말했다.

"모든 낭만이 사라져 버리고 컴퓨터가 '인간이 만든 가장 위대한 발명품'이라는 것을 모두가 잊어버린 곳이 된다면 나는 애플을 잃었다고 느낄 것이다."

잡스는 사랑하는 사람에게 선물하듯 디자인하라고 말했다. 사람에게 사랑받는다는 것은 사람의 마음을 떨리게 해야 한다는 것을 잘 알고 있었다. 이것이 낭만이다. 낭만이 사라진 기계는 지루할 뿐, 사람의 마음에 스며들지 못한다. 잡스는 이러한 낭만에 자신만의 독창성으로 승부했다. 그는 어쩌면 어느 것에도 얽매이지 않는 자유로운 영혼이었을지 모른다.

잡스가 소크라테스와 오후 한나절을 보내고 싶었던 이유는 어쩌면 한 천재의 뇌에 접속하여 새로운 창조의 세계를 만나고 싶어서이지 않았을까? 잡스는 창조의 중요성을 알았다. 창조는 세상에 없는 것을 만들어 내어 나만의 시장을 형성하도록 한다. 그것은 경쟁자가 없는 '제로 투 원Zero To One'의 상태다. 제로 투 원은 피터 틸의 저서 《제로 투 원》에서 유명해진 말로 '0에서 1이 되는 것'을 말한다. 세상에 없는 새로운 것을 만들면 세상은 0에서 1이 된다는 것이다. 즉, 경쟁자가 없는 새로운 시장을 의미한다.

새로운 것을 창조해야 성공할 수 있다. 성공한 회사나 사람들은 아무도 생각하지 못한 곳에서 새로운 가치를 만든 경우가 많다. 《제로 투 원》에서 저자는 기존의 모범 사례를 따라 하며 점진적으로 발전해 봤자 세상은 1에서 n이 될 뿐이라고 말한다.

성공하는 사람들의 공통점은 남들과 다르다는 것이다. 같은 문제를 만나더라도 각자의 방식으로 결론을 도출해 내어 자신만의 답을 얻었기 때문이다. 이렇게 얻은 자신만의 답은 우리 기억 속에 독점적인 이미지로 남는다. 이와 같은 '창조적 독점'은 새로운 제품으로 모든 사람들을 이롭게 함과 동시에 만든 사람 또한 이익을 얻게 한다. 창조적 독점이 사업을 하는 데 있어서도 많은 방식을 바꾸는 것이다.

잡스는 창조적 독점 기업인 애플을 만들었고, 남들과 다르게 성장했다. 그런데 영원한 독점 기업이 가능할까? 영원한 창조적 독점이라는 건 없다. 창조적 독점 기업을 가만히 넋 놓고 볼 경쟁자는 없을 것이다. 때문에 잡스는 자신만의 독점적인 이미지를 유지하기 위해서라도 새로운 아이디어에 목이 말랐을 것이다. 잡스에게 있어 창조적 영감을 주는 최고의 샘물은 소크라테스였다. 소크라테스라는 사상적 혁명가를 만나 '제로 투 원'의 아이디어를 얻고 싶었을 것이다. 잡스가 소크라테스와의 오후 한나절에 가장 소중한 것들을 만한 이유가 바로 여기에 있다. 창조는 모든 것을 뛰어넘는 열쇠다.

인문학과 기술의
교차로에서

:
:

사람들은 어떨 때 짜릿함을 느낄까?

여러 가지 대답이 있을 수 있겠지만 결국은 소유의 쾌감이라고 할 수 있다. 무언가를 얻음으로써 즐거움을 느끼는 것이다. 인간은 대부분 무엇이든 소유하고 싶은 욕구가 있다. 어떤 것이든 내 것이라고 느껴지면 쾌감을 얻는다. 뭔가를 하고 싶어 하는 마음도 소유욕과 비슷하다. 소유하고자 하는 심리는 종종 일상의 질을 높여 준다. 하고 싶은 것을 하기 위해, 갖고 싶은 것을 위해 노력하기 때문이다. 그런데 소유욕은 현실적인 이유로 좌절되는 경우가 많다. 아무리 좋은 물건이나 서비스라도 도덕적으로 옳지 않은 수단으로 얻어지는 것이라면 욕구가 제대로 발휘되기 힘들다.

아이튠즈iTunes 스토어는 이 부분을 파고들었다. 무엇인가를 떳떳하게 소유하고 싶은 욕구 말이다.

본질적으로 우리는 사람들을 상대한다.
— 《뉴스위크Newsweek》, 2006년

애플과 잡스는 사람을 연구했다. 스스로도 인식하지 못하는 욕구까지 읽으려 노력했던 것이다. 한때 음원시장은 공짜와의 전쟁을 벌였다. 불법 복제와 다운로드가 기승을 부리며 전체 시장을 위협했던 때였다. 음반 회사들이 무분별한 소비자만 탓하고 있을 때 잡스는 이들의 숨겨진 욕구를 읽었다. 적당한 가격으로 편리한 소비 환경만 만들면 불법 복제를 할 이유가 줄어들 것이라고 믿었다. 그렇게 탄생한 게 아이튠즈다.

애플은 단순히 사람들의 욕구를 찾고 구현하는 것을 넘어 감탄을 불러일으켰다. 감탄이 나오는 물건을 보면 갖고 싶은 게 사람들 심리다. 아이폰이 처음 시장에 등장했을 때도 사람들의 첫 반응은 감탄이었다. 디자인으로 눈을 끌어당겼고 멋진 기능으로 동경하게 만들었다. 자연히 그것을 가지고 싶다는 소유욕이 끓어오른다. 이 같은 반응에도 회사는 도도하다. 밤새도록 공장을 돌려 수요에 맞추기도 급급할 판에, 지역마다 순차적인 제품 출시로 여유를 부린다. 소비자들의 애간장이 탈 수밖에 없게 만드는 것이다.

스티브 잡스는 사람들의 소유욕을 극대화하는 데 참으로 능했던 듯하다. 이렇게 마음을 움직이는 능력을 돈으로 연결시킬 줄 알았다. 그에게 인문학적인 소양이 없었다면 불가능한 일이었을 것이다.

어린 시절의 잡스는 인문학과 거리가 먼 공학도였다.

잡스는 초등학교 4학년 때 아마추어 전자공학 키트를 접하면서 엔지니어의 세계로 들어선다. 자연스레 컴퓨터공학에 심취하게 되고 이후 고등학교 때 훗날 같이 애플을 창업하게 되는 스티브 워즈니악Steve Wozniak을 만난다. 잡스는 워즈니악과 함께 휴렛패커드Hewlett-Packard Company(주로 줄여서 'HP'로 불린다)라는 미국의 컴퓨터 정보 기술 업체에 임시로 근무하기도 했다. 이후 1972년에 리드 칼리지Reed College에 입학하지만 1학기만 수강한 후 중퇴한다. 그러나 대학 측의 배려로 잡스는 대학 기술사에 머물며 수업을 청강한다. 18개월 동안 여러 강의를 들었는데, 잡스는 그때 많은 영향을 받았다고 밝혔다.

"리드 칼리지 시절에 접한, 플라톤과 호메로스에서 시작해서 카프카에 이르는 인문고전 독서프로그램이 애플을 만든 결정적 힘이다. 나는 인문고전에 푹 빠져 있다. 서예 강좌도 들었는데, 그것이 아이팟iPod 디자인 감각의 원천이 되었다."

잡스를 상징하는 안내판이 있다. 그것은 잡스가 2010년 아이패드iPad를 처음 세상에 선보일 당시 등장한 것으로 인문학Liberal Arts과 기술Technology을 각각 표지판에 넣어 교차한 안내판이다. 잡스는 이에 대해 이렇게 설명했다.

"이것은 인문학과 기술의 교차로입니다. 애플은 언제나 이 둘이 만나는 지점에 존재해 왔지요. 우리가 아이패드를 만든 것은 애플이 항상 기술과 인문학의 갈림길에서 고민해 왔기 때문입니다. 그동안 사람들은 기술을 따라잡으려 애썼지만 사실은 반대로 기술이 사람을 찾아와야 합니다."

잡스는 관념을 깨는 독특한 발상은 기술뿐만 아니라 인문학적 사고가 비롯될 때 나올 수 있다고 말한다. 인문학은 단순히 문학, 역사, 철학만 포함된 것이 아니다. 종교, 음악, 공연, 미술 등 다양한 분야를 포함하는 교양을 말한다. 잡스는 오래전부터 이러한 인문학에 주목해 왔고 인도 등지에 머물면서 서양과는 다른 문화에도 폭넓은 관심을 가진 것으로 알려져 있다.

기술은 정답을 알아내는 데 집중할 수밖에 없다. 인문학은 그렇지 않다. 인문학이 이처럼 창의성과 상상력을 이끌어 낼 수 있는 이유는 정답이 없기 때문이다. 학문적인 특성상 여러 사람의 의견에 귀를 기울일 수밖에 없다. 의견을 듣는 과정에서 새로운 아이디어가 나오게 되는데 이 과정이 인문학에서는 매우 중요하다. 기술자가 인문학의 매력에 관심을 가지면 독창적이고 남들과 다른 기계를 만들 수 있다. 잡스처럼 말이다.

잡스는 기술과 문학의 교차로에서 인간의 소유욕을 자극할 줄 알았다. 그는 인간이 소유하고 싶어 하는 심리를 인문학에서 찾아내, 디자인으로 뒷받침했다. 또한 기술로 이를 실현에 옮겼다. 잡스는 언젠가 기술이 인간을 이끄는 것이 아니라 사람이 기술을 이끌어야 한다고 말했다. 결국 잡스의 말이 맞았다.

정의란
무엇인가

정의란 도대체 무엇일까? 어떤 선택이 가장 정의로울까?

마이클 샌델Michael J. Sandel 하버드대학교 교수가 던지는 질문이다. 그는 사회의 많은 문제를 정의와 관련하여 풀어 간다.《정의란 무엇인가Justice: What's the Right Thing to Do?》에서 샌델은 독자에게 사회적 문제에 대해 해답을 주지 않는다. 스스로 해답을 찾을 수 있도록 오히려 독자에게 많은 질문을 건넨다. 무엇이 올바른 길인지 끊임없이 찾게 하는 것이다. 이처럼 자신의 답을 고집하기보다는 많은 사람의 의견을 들으려는 열린 시각을 가진 샌델의 인문학적 뿌리는 소크라테스일 것이다.

샌델은 스물일곱에 최연소 하버드대 정치학과 교수가 되었다. 또한, 1982년 〈자유주의와 정의의 한계〉라는 논문을 발표하며 세계적인 명성을 얻은 유명 인사이기도 하다. 그를 더욱 알리게 된 것은 '정의' 수업이다. 마이클 샌델의 '정의' 수업은 20여 년 가까이 하버드대에서 인기 있는 강의로 자리 잡았다. '정의' 수업은《정의란 무엇인가》와 마찬가지로 사회문제에 대해 정의가 무엇인지 토론하는 과정이 주된 내용이다.

《정의란 무엇인가》는 한국에서 이례적인 인기를 끌었다. 밀리언셀러가 된 것은 물론, 책의 인기는 인문학에 대한 뜨거운 관심으로 이어졌다. 어쩌면 우리가 정의나 정의로운 사회에 대한 갈망이 컸던 게 아니었는지 모르겠다.

전 세계적인 금융 위기를 겪었지만 억만장자의 수는 두 배 이상 늘었다. 또한 가장 부유한 85명이 전 세계 재산의 절반을 갖고 있다는 기사도 있었다. 2014년 한국 사회에는 부와 관련된 정의 열풍이 불었다. 부의 불평등의 주된 내용으로 불평등의 원인이 무엇인지에 대해 많은 논의가 있었다. 어떤 사람은 부자의 세금을 더 거두어 가난한 사람을 도와야 한다고 말하고, 또 다른 사람은 개인이 노력으로 번 돈을 세금으로 빼앗는 것은 옳지 못한다고 말한다. 과연 옳은 것은 어떤 것일까? 그러나 샌델은 정답을 주지 않는다. 오로지 주제만 던질 뿐이다.

오랫동안 화두로 회자되는 안락사에 대해서도 마찬가지다. 이에 대한 샌델의 의견은 여러 갈래로 나뉜다. 여러 방향으로 생각할 거리를 주는 것이다.

자유지상주의자들 생각에는 안락사를 금지한 법이 부당하게 여겨질 것이다. 내 생명이 내 것이라면, 내게는 그것을 포기할 자유도 있어야 하기 때문이다. 또한 누군가 내 죽음을 돕도록 내가 허락한다면, 국가는 이에 간섭할 권리가 없다.

이와 같은 샌델의 강의 형식은 소크라테스의 대화형 강의와 비슷하다는 평가를 받는다. 소크라테스는 '산파술maieutike'이라는 독특한 교수법敎授法을 사용했다. 산파술이란 산파가 직접 아이를 낳는 게 아니라 산모의 보호자 역할을 하듯, 스승도 제자에게 답을 직접 주는 것이 아니라 제자 스스로 생각하게끔 유도하는 것을 말한다. 산파술은 생각을 자극시키는 질문을 계속 던지는 방식으로 이루어진다. 소크라테스는 스승이란 제자가 진리에 대한 깨달음을 낳을 수 있도록 돕는 산파 같은 역할을 해야 한다고 생각했다.

이유가 무엇일까? 답을 찾으려면 고대 그리스에 살았던 한 학자의 삶을 들여다봐야 한다.

소크라테스는 기원전 469년경 조각가인 아버지와 산파를 직업으로 하는 어머니 사이에서 태어났다. 그는 왜소한 체격과는 달리 체력이 좋았다고 한다. 또한 투박한 외모를 가졌지만 성격이 느긋한 편이고 참을성도 많았다. 소크라테스는 남을 가르치는 일을 좋아했는데, 부에 연연해하는 성격이 아니라서 당시 강의로 부를 누리던 소피스트Sophist와는 달리 남루한 옷차림으로 다녔다고 한다. 그가 남루한 옷을 입고 광장을 거닐면 다양한 계층의 사람들이 그에게 모여들었다. 소크라테스는 이들과 주로 철학적 토론을 한 것으로 전해진다.

소크라테스는 돈보다 질문 하나를 던지고 그 질문에 대해 사람들과 토론하는 과정 그 자체를 즐겼다. 대부분의 가르치는 사람들이 제자가 묻는 질문에 답하려 했던 것과 달랐다. 그는 고대 그리스에서 참 유별난 사람이었다.

그는 거꾸로 질문을 던졌다. 그의 주제는 주로 인간 본질에 관한 것이었다.

'정의는 무엇일까?', '경건한 것은 무엇이고 불경한 것은 무엇인가?', '신중한 것과 무모한 것의 차이는 무엇인가' 등이 대표적이다. 그는 사람들에게 이런 질문 하나를 툭 던지고서 토론을 통해 답을 찾아나갔다.

당시 고대 그리스는 무역을 통해 부를 쌓았다. 고대 그리스 사람들의 관심사는 노예를 많이 사서 노예를 부려 무역으로 돈을 많이 버는 것뿐이었다. 그런데 소크라테스는 어떤가? 남루한 옷차림으로 광장에 돌아다니는 그는 돈이 아닌 깨달음의 중요성을 강조한다. 그는 사람들과 인간 본질에 대한 이야기를 하고자 했다. 인간 본질에 대한 이야기는 자연스레 노예에 대한 불편한 이야기로 이어졌다.

이 이유였는지는 확실치 않으나 소크라테스는 이후 정치적 문제에 휩쓸리게 된다. 그를 탐탁지 않아 했던 사람들은 소크라테스가 사회에 불안을 조성한다고 목소리를 높였다. 결국 사형선고를 받은 그는 당시 변명할 기회를 주는 고대 그리스의 제도가 있었지만 시도하지 않는다. 사람들 앞에 서서 변명을 하고 살려 달라고 말하라는 친구들의 조언도 받아들이지 않았다. 그는 이렇게 말했다.

"양심을 팔며 바닥으로 내려가지 않겠소. 죽음을 피하는 것은 정의를 피하는 것이요."

그는 결국 죽음을 받아들였고, 죽음으로 자신의 진실을 밝혔다.

훗날 소크라테스의 제자 플라톤이 《소크라테스의 변명》에 소크라테스의 말을 전했다.

"아테네 시민이여. 오로지 돈을 벌고 명성과 위신을 높이는 일에 매달리면서 진리와 지혜, 영혼의 향상에는 생각을 조금도 기울이지 않는 것이 부끄럽지 않은가?"

소크라테스는 산파술을 통해 우리에게 끊임없이 질문을 던지고 우리 스스로 답을 찾게 한다. 2500년 전 그는 아직도 우리에게 많은 깨달음을 전한다.

현대에서도 샌델의 예처럼 소크라테스의 산파술은 각광 받는 교수법 중 하나다. 산파술은 강의를 듣는 사람의 집중도를 높인다. 단순히 듣는 데 그치지 않고 말해야 하기 때문에 학생들은 스스로 생각하고 공부해야만 한다. 물론 가르치는 사람도 학생이 스스로 답을 찾는 과정을 도와야 할 의무가 있다.

샌델은 고대 그리스 학자의 방법을 현재에 잘 적응시켰다. 인문학은 이처럼 시대를 뛰어넘는다. 물론 소크라테스가 시대를 앞선 생각으로 산파술이라는 놀라운 교수법을 만든 것은 사실이다. 그는 '정의'를 가르치기에 앞서 어떻게 가르칠지 많은 고민을 했을 것이다. 효과적인 방법을 찾는 과정에서 그는 '정의'라는 것을 함부로 정의할 수 없는 만큼 수업 시간 동안 다양한 생각이 오가길 바랐을 것이며, 그 효과적인 방법이 바로 산파술이었다.

실제 강의를 해보면 수업 대상이 누구든 간에 강사가 중심이 되어 주로 말하는 수업은 듣는 사람의 집중도를 현저하게 떨어뜨린다. 또한 이해도도 낮다. 하지만 듣는 사람에게 질문을 던지고 그 질문에 답을 하는 과정을 거치면 듣는 사람의 집중도와 이해도가 올라간다. 이것이 토론식 수업 산파술의 장점이다.

샌델의 '정의' 수업 방식의 예를 하나 들어보겠다. 앞서 말한 대로 하버드 학생들은 소크라테스식 문답법으로 수업을 받는다. 먼저 하나의 주제를 선정한다. 샌델의 '정의' 수업에 나온 주제는 대부분 이런 식이다.

당신은 지금 미뇨넷호 선원들처럼 배는 난파당하고, 구명보트에 의지해 20여 일 넘게 표류하고 있다. 아사 직전의 상황에서 선원 중 한 명이 질병에 걸려 죽음을 앞두고 있다면, 배고픔에 눈먼 당신은 그를 보고 어떤 생각을 할 것 같은가? 미뇨넷호 생존자들처럼 그를 희생시켜 목숨을 연명할 것인가? 한 사람의 희생으로 나머지가 살았으니, 최대 다수의 최대 행복에 따랐다고 말할 수 있는가?

미뇨넷호 사건은 1884년 영국 배 미뇨넷호가 희망봉 앞바다에서 난파하면서 발생한 사건이다. 표류 18일 만에 모든 음식이 떨어지자 선원들은 소년 선원을 죽여 그 고기를 먹고 살아남는다. 이들은 표류 24일 만에 독일 선박에 발견되어 구조되지만, 희대의 식인食人 사건으로 사회에 큰 파장을 일으켰다.

그는 이와 같이 매 강의마다 사례를 통해 하나의 주제를 선정한다. 사례를 설명하면 학생들은 이내 고민에 빠진다. 그는 학생들과 토론을 펼친 후 강의를 마무리하며 이에 해당하는 철학 개념을 설명하는데, 사례와 토론을 통해 설명하는 만큼 쉽게 철학 개념의 핵심을 기억할 수 있다.

　샌델은 강의 시간 내내 학생들에게 일방적으로 지식을 전달하지 않는다. 학생들은 해당 주제에 대해 나름의 의견을 갖고 있지만 그 입장이 아직 확고하지 않다. 확고하지 않다는 것은 그 의견을 뒷받침할 근거나 추가 설명이 부족하다는 것이다. 학생들은 아직 성숙하지 않다. 때문에 서로의 의견을 들으며 그 의견에 대한 허점을 발견하기도 하고, 나와 다른 생각에 해당 주제에 대해 달리 봐야 한다는 것을 깨닫는다.

　샌델의 대화에는 합의된 결론이 없다. 대신, 대화의 중요성에 대한 합의가 이루어지고, 그런 대화가 정의로운 판단을 가능하게 한다는 확신을 부여한다.

10장.

상상하라,
그러면
현실이 된다

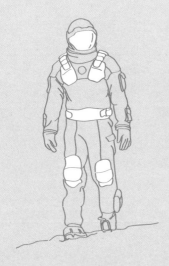

우리는 답을 찾을 것이다.
늘 그랬듯이.

- 영화 〈인터스텔라〉 중에서

천재들의
별의별 생각

천재의 생각은 날아다닌다. 날아다니는 생각을 현실로 만드는 사람이 진짜 천재다. 그런 의미에서 크리스토퍼 놀란Christopher Nolan 감독은 천재다. 날아다니는 생각을 영화로 구체화해서 명작을 남겼다. 바로 2014년 겨울을 뜨겁게 달군 영화 〈인터스텔라 Interstellar〉다.

평소 영화를 즐겨 보는 나는 이 영화를 아이맥스IMAX(일반 영화의 스크린보다 큰 초대형 스크린 방식을 이용한 촬영과 영사 시스템)로 보려 몇 번 예약을 시도했지만 번번이 매진이었다. 하는 수 없이 일반 상영관에서 영화를 두 번 보았다.

참으로 대단한 이야기였다. 행성과 행성을 오가는 우주의 영상도 놀라웠다. 왜 많은 사람들이 이 영화를 두세 번 보는지, 왜 매번 영화가 매진이었는지 알 만했다.

놀란 감독의 상상력은 그야말로 놀라웠다. 영화 〈메멘토Memento〉, 〈인셉션Inception〉 그리고 배트맨 3부작으로 유명한 놀란 감독 특유의 연출력은 〈인터스텔라〉에서도 돋보였다. 이야기도 지루하지 않도록 구성되었다. 때문에 세 시간 가까이 되는 긴 러닝타임이 부담스럽지 않았다.

사람들의 상상을 뛰어넘는 세계를 창조한 놀란 감독에게도 어떤 뿌리가 있지 않을까?

놀란은 1970년 영국에서 태어났다. 런던대학교에서 영문학을 전공한 그는 외모가 출중하기로 유명했다. 영화팬들은 그를 '천재 감독'이라 부르는데, 떠돌아다니는 아이디어를 붙잡아 영화로 만들 줄 알았기 때문이다.

'인터스텔라'는 별과 별 사이라는 뜻으로, 놀란 감독의 동생 조나단 놀란이 이 영화에 각본으로 참여했다. 두 형제는 이미 몇몇 영화에서 같이 일한 경험이 있다. 조나단은 이 영화를 위해 실제로 캘리포니아 공과대학에서 4년 동안 공부했다고 한다. 그는 영화 〈인터스텔라〉의 핵심 주제인 아인슈타인Albert Einstein의 상대성이론을 중점적으로 연구했다. 실제로 영화 〈인터스텔라〉는 '중력이 클수록 시간은 천천히 간다'는 상대성이론의 내용에 근간을 두고 있다.

천재적인 작품의 모티브라고 할 수 있는 상대성이론 자체도 천재적이다. 1905년 스물여섯 살이던 아인슈타인은 저명한 학자들이 의심의 여지를 두지 않았던 뉴턴Isaac Newton의 역학이론 자체를 뒤흔드는 이야기를 꺼냈다. 이른바 특수상대성이론이다. 당시 그는 스위스 특허청에서 기술전문가로 일하고 있었다. 후대 사람들은 그가 정식으로 물리학계에 몸담고 있지 않았기 때문에 사고의 폭이 훨씬 넓었다고 분석한다. 전문가가 아니었기 때문에 그들을 뛰어넘을 수 있었다는 얘기인데 참으로 역설적인 이야기가 아닐수 없다.

1915년에 아인슈타인은 일반상대성이론을 발표한다. 특수상대성이론이 가설로 세운 특별한 환경에 적용 가능한 이론이라면 일반상대성이론은 중력이라는 일반적인 소재를 화제로 다룬 이론이다. 그는 뉴턴과 달리 중력을 힘이 아닌 시간과 공간의 곡률曲率(곡선 또는 곡면의 휨 정도를 나타내는 변화율)로 설명했다. 이후 현대물리학은 아인슈타인의 기본 이론을 바탕으로 다시 정립됐다. 그의 이론을 증명하려면 빛의 속도로 물질을 가속시켜야 한다. 질량이 큰 물질을 가속하는 데는 엄청난 에너지가 요구된다. 과학자들은 원자나 분자 단위의 미소질량입자에 대해서 실험 연구를 진행했는데, 훗날 원자분자물리학까지 크게 발전하는 토대가 됐다.

놀란 형제는 이처럼 과학적으로 증명된 이론과 사실을 영화에 반영하고자 했다. 놀란 감독은 이렇게 말했다.

"제가 하는 일의 대부분은 과학적인 일입니다. 영화 제작의 기술적인 측면, 즉 제가 통제할 수 있는 측면에 집중하려고 하죠. 그렇기에 저는 감정적인 반응을 끌어내기 위해 더 노력합니다. 불가능할 것 같지만 기술과 감정의 합을 넘어서야만 진정한 수수께끼를 풀 수 있다고 생각합니다."

영화 〈인터스텔라〉는 머지않은 미래, 병충해로 인해 지구에 있는 대부분의 식량이 사라진 상황에서 시작한다. 남은 것은 옥수수뿐이지만 이마저도 곧 멸종될 가능성이 크다. 또한 병충해는 식량뿐만 아니라 공기에도 영향을 미쳤다. 공기 중 질소의 농도가 높아지면서 호흡기 환자가 급증했다. 게다가 거대한 황사가 끊임없이 불어온다. 사람들은 굶어 죽기 전에 숨이 막혀 죽을 것이라며 두려워한다.

과거 우주비행사였던 주인공 쿠퍼는 인류를 위해 인류가 살 수 있는 행성을 찾아 떠난다.

〈인터스텔라〉에서 놀란 형제는 그들의 철학대로 여러 우주 관련 이론에 기초하여 우주를 시각적으로 구현해 낸다. 특히 웜홀 worm hole(우주공간에서 블랙홀과 화이트홀을 연결하는 통로)을 통한 항성 간의 여행을 표현한 장면은 실로 압권이다. 놀란 감독은 킵 손Kip Thorne의 웜홀 이론을 스크린에 훌륭하게 옮겨 냈다. 웜홀은 '벌레 구멍'이라는 뜻으로 사과로 비유하기도 한다. 사과 같은 우주에서 반대편으로 이동할 때 표면으로 가는 것보다 중심을 관통하는 '구멍'이 있어 그곳을 통과한다면 더 빨리 반대편에 도착할 수 있다. 이것이 웜홀이다. 즉, '벌레 구멍'처럼 우주의 시공간의 벽에 구멍이 생긴다면 수백 년이 걸리는 곳도 단 몇 시간 만에 도달할 수 있는 것이다.

현재 우리가 사는 세상은 4차원이다. 그러나 우주로 나가게 되면 차원이 바뀌어 5차원 세상에 떨어진다. 우주에서 시간을 거스른다는 건 가정일 뿐 실제로 5차원 이상의 세상에 대해 우리는 알지 못한다. 아직 과학적으로 판명할 수 없는 우주에 대해 영화는 시간으로 지구와 구별한다. 지구와 우주 두 공간을 중력의 차이를 이용해 효과적으로 분리한 것이다. 시간상으로는 순차적이지만 지구와 우주의 다른 두 시간을 적절하게 활용해 냈다. 우주비행사들이 처음 도착한 밀러 행성에서의 한 시간은 지구의 7년 정도다. 때문에 이후 쿠퍼가 딸 머피와 만나는 장면에서 서로 다른 시간에 영향을 받은 두 사람의 모습이 극대화된다. 우리가 스쳐 지나는 '시간'에 대해 새롭게 느낄 수 있었다.

어떤 영화에서도 마찬가지겠지만 〈인터스텔라〉의 핵심은 우주가 아니라 나 자신의 인생이지 않을까? '인간'인 '나'를 돌아보는 것 말이다.

쿠퍼의 우주여행을 통해 우리는 영화의 종착지가 '나'에게 던지는 질문임을 알 수 있다. 쿠퍼는 선택을 했고, 그 선택으로 여행을 시작했다. 그러나 단순한 우주여행이 아니다. 이 영화는 우주여행이 상상 속 세상을 여행하는 것이 아니라 하나의 인생여행이자, 인간의 삶이라고 말한다.

과연 우리는 어떤 선택을 해야 할 때 무엇을 기준으로 삼을까. 쿠퍼는 사랑하는 가족과 절망적인 현실을 견디는 것이 아니라 가족과 떨어진다 해도 희망이 있는 미래를 찾아 떠난다. 인류의 미래를 선택한 쿠퍼, 인류가 살 수 없는 행성에 도착해 누군가 와주기만을 기다리는 닥터 만, 이성에 따라 선택하며 살아왔지만 사랑을 기준으로 답을 찾으려 하는 아멜리아…. 우리는 〈인터스텔라〉의 여러 등장인물을 통해 스스로에게 질문을 던진다.

인류 생존의 답을 찾기 위해 떠난 우주여행은 하나의 메시지를 전한다. 바로 '소중함'이다. 현재 우리가 갖고 누리는 것들에 대한 소중함을 깨닫게 한다. 아직 지구가 살 만한 곳이며 돌아갈 곳이라는 행복을 통해 소소하지만 아름다운 우리 주변의 소중함을 일깨워 준 영화였다.

"순순히 어두운 밤을 받아들이지 마요. 노인들이여, 저무는 하루에 소리치고 저항해요. 분노하고 분노해요, 사라져 가는 빛에 대해."
(영국의 시인 딜런 토마스Dylan Thomas의 시를 차용한 대사)

"우리는 답을 찾을 것이다. 늘 그랬듯이."

이력서에
적을 수 없는 것

.
.
.

　영화감독을 꿈꾸는 한 남자가 있었다. 그의 이력서는 초라했다. 경력은 트럭 운전기사 등 영화와 관련이 없었고, 학력으로는 대학교 중퇴가 고작이었다. 이 남자는 이력서의 한계로 인해 서른이 다 되도록 변변한 일자리를 갖지 못하고 여러 일을 전전한다. 사람들은 이력서만 보고 그에게 어떤 기대도 하지 않았다. 하지만 이 남자를 이력서만으로 판단할 수 있을까?

　이력서에 없는 것은 한 남자의 노력이었다. 영화를 좋아하던 한 남자는 일을 하면서도 틈틈이 시나리오를 썼다. 그의 시나리오에는 이력서에는 없는 그만의 잠재력, 상상력, 예술 감각이 있었다. 그는 초라한 이력서에 굴복하지 않고 영화감독이라는 꿈을 향해 묵묵히 나아갔다.

서른이 넘어서 영화제작소에 취직한 남자는 그동안 써 왔던 시나리오를 사람들에게 보여 준다. 하지만 시나리오의 가격은 겨우 1달러. 그러나 그는 이에 포기하지 않고 1달러를 받으며 조건 하나를 내민다.

"제가 이 영화의 감독이 될 수 있게 해주십시오."

이 영화가 바로 지금의 명감독을 있게 한 터미네이터다. 그리고 1달러로 터미네이터라는 훌륭한 영화를 만들어 낸 이가 〈타이타닉Titanic〉, 〈아바타Avatar〉로 유명한 제임스 카메론James Cameron 이다.

내 인생에서 단 한 편의 영화를 고르라고 한다면 나는 단 1초의 망설임도 없이 제임스 카메론 감독의 〈아바타〉를 선택할 것이다. 아바타를 처음 보았을 때의 충격이 아직도 잊히지 않는다. 처음 무지개를 본 아이처럼 놀랐고, 감동했고, 전율했다. 영화 속 순간순간에 매혹되어 결국 영화를 극장에서 네 번이나 보았다. 〈아바타〉의 감독 제임스 카메론의 상상력은 어디서 왔을까?

제임스 카메론은 캐나다 온타리오Ontario 주에서 엔지니어인 아버지와 간호사인 어머니 사이에서 태어났다. 그는 가족과 함께 1971년 미국 캘리포니아California 주에 있는 브레아Brea로 집을 옮긴다. 풀러턴 대학Fullerton College에서 물리학을 전공하던 카메론은 영문학으로 전공을 바꿨다가 캘리포니아 주립대학교 풀러턴 캠퍼스California State University Fullerton에 편입한다.

평소 〈스타워즈Star Wars〉를 좋아하던 그는 소설가가 되기 위해 학교를 중퇴했다가 영화에 흥미를 갖는다. 단편영화를 만들기 위해 여러 일을 전전하던 그는 1977년 극장에서 〈스타워즈〉를 본 뒤 당시 하던 운전기사 일을 그만두고 영화제작소로 향한다. 이후 우리가 알고 있는 영화감독으로서 제임스 카메론의 이야기가 시작된다.

〈아바타〉는 14년간의 구상과 4년간의 제작 과정을 거쳐 세상에 나왔다. 오랜 시간이 걸린 만큼 〈아바타〉 속 행성인 판도라Pandora는 상상 그 이상을 보여 준다. 평소 예술과 과학의 조합을 중시했던 카메론답게 상상력을 바탕으로 치밀하게 설계된 판도라는 완벽한 세계에 가깝다. 그런데 왜 행성의 이름이 하필이면 '판도라'일까?

영화 줄거리는 이렇다.

가까운 미래, 인류는 판도라라는 아름다운 별을 발견한다. 이 행성에는 판도라의 모든 생명과 조화를 이루는 나비Na'vi라고 불리는 외계 인류가 살고 있다. 인류는 눈앞에 닥친 지구의 에너지 고갈로 인한 대체 자원을 채굴하기 위해 판도라에 몰려든다. 하지만 독성을 지닌 판도라의 공기로 인해 어려움을 겪자, 나비의 외형에 인간의 의식을 주입한 새로운 생명체 '아바타'를 만들게 된다. 원격조종이 가능한 새로운 생명체가 탄생한 것이다. 영화 속 주인공 제이크 설리는 전투 중 하반신이 마비된 전직 해병대원으로 자원 채굴을 막으려는 나비의 무리에 침투하라는 임무를 받고 '아바타 프로그램'에 참가한다. 인간이 채굴하는 자원은 '언옵티늄'이라는 자원으로 놀라운 에너지를 가졌다. 이후 무리한 채굴을 넘어 판도라를 침략하려는 RDA^{자원개발위원회}와 그것을 막으려는 나비족 사이에서 제이크는 갈등하게 된다.

이 영화의 주제는 인간의 탐욕이다.

'언옵티늄'이라는 자원을 차지하기 위해 판도라의 문명을 파괴하고 나비를 잔인하게 학살하는 인간들은 결국 열지 말아야 할 상자를 열고 만다. 그것이 행성의 이름이 판도라인 이유다. 판도라는 단순한 행성이 아니라 나비족과 호흡하는 하나의 생태계다. 인류는 먼저 '언옵티늄'을 발견하며 인간의 끝없는 탐욕의 상자를 열고 만다. 이후 파괴 본능으로 행성을 침략하기 위해 전쟁을 벌인다. 판도라는 인류가 결코 찾아서는 안 될 별이었다.

카메론 감독은 〈아바타〉에서 미래의 가상 세계 판도라를 통해 인류에 던지는 철학적인 주제를 드러냈다. 〈아바타〉는 단순한 SF 영화가 아니라 인간에게 공존이라는 희망의 메시지를 던지고자

한 예술작품이다.

그는 트럭기사에서 최고의 영화감독이 되기까지 오로지 한 길만 걸어왔다. 〈타이타닉〉을 넘어설 영화를 만들기 위해 노력했고, 그의 노력은 12년 만에 빛을 발했다. 자신은 물론 많은 사람들이 즐길 만한 스토리를 만들어 냈다. 어쩌면 그의 인생 자체로도 하나의 영화이지 않을까?

카메론 감독은 새로운 생각을 상상했고, 상상한 것에 도전했고, 상상한 것을 많은 사람들과 소통했다. 그의 작품 〈아바타〉는 현실에서 가상의 세계로 우리를 인도하여 우리의 영혼을 출렁이게 했다. 아직도 판도라의 자연과 나비가 교감을 이루는 장면이 잊히지 않는다. 많은 사람들도 마음을 뺏겼으리라 생각한다.

카메론 감독과 놀란 감독은 예술과 과학을 접목할 줄 알았다. 두 사람의 창조적인 세계를 대표하는 영화로는 먼저 카메론 감독의 〈에이리언Alien〉과 〈아바타〉가 있고, 놀란 감독에게는 〈인셉션〉과 〈인터스텔라〉가 있다. 카메론 감독은 자연과학적 지식을 바탕으로 지구의 동식물 생태구조를 영화 속 세계인 판도라에 접목했다. 놀란 감독은 〈인셉션〉에서는 정신의학을, 〈인터스텔라〉에서는 천체물리학을 응용해 영화를 만들었다.

두 사람의 공통점은 모두 시간을 다룰 줄 알았다는 것이 아닐까? 보통 사람이라면 시간 탓을 하면서 공부를 게을리하겠지만 그들은 달랐다. 카메론 감독은 훌륭하게 우주의 별 하나를 세상에 선보였다. 그는 놀라운 아이디어를 뒷받침하기 위해 많은 공부를 했다. 특히 스타워즈의 감독 조지 루카스George Lucas를 좋아했기에 루카스 감독이 다녔던 학교 도서관에서 줄기차게 책을 읽었다. 자신이 한때 전공했던 물리학을 영화계에 입문했다 해서 놓지 않았다. 그의 뿌리는 이처럼 단단했다. 단순히 말하면 그의 뿌리는 과학에 있지만, 어쩌면 끊임없는 노력이 그의 뿌리일지도 모른다.

사랑은
운명을 바꾼다

:
:

"안녕하세요? 내 이름은 스티븐 호킹. 물리학자이자 우주론자이고, 약간은 몽상가지요. 나는 움직일 수는 없어도 컴퓨터를 통해 말을 할 수 있고, 내 마음속에서 나는 자유롭습니다."

2014년 개봉한 영화 〈사랑에 대한 모든 것The Theory of Everything〉('모든 것의 이론'이 원제이나 국내에는 다른 이름으로 개봉했다)은 스티븐 호킹Stephen Hawking의 과학자로서 성공 과정과 제인 호킹Jane Hawking과의 사랑 이야기를 담았다.

촉망받는 물리학도 스티븐 호킹은 신년파티에서 제인을 만나 사랑에 빠진다. 두 사람은 다른 커플과 마찬가지로 평범한 사랑을 시작한다.

비극은 갑자기 찾아왔다. 스티븐이 당시 이름도 생소한 운동신경장애(루게릭병)에 걸리면서다. 담당 의사는 그에게 시한부 인생까지 선고한다. 영화에 운동신경이 점점 굳어져 가는 모습이 나오자 나는 안타까운 마음을 금치 못했다. 스티븐의 몸이 변하는 과정이 참으로 슬펐다.

특히 제인이 당장 자신과 크리켓을 치지 않으면 다신 보지 않을 거라는 말에 다리를 끌며 겨우 크리켓을 치던 스티븐의 모습이 가장 기억에 남는다. 몸 상태를 숨기려는 스티븐을 두고 제인이 독한 마음을 먹은 것이다. 그녀는 크리켓을 통해 자신의 눈으로 현실을 직시하고 싶었다. 처음에는 그나마 걷기가 가능했지만 점점 다리를 절더니 곧 목발을 지고, 결국에는 휠체어에 몸을 의지하고 만다.

손가락에 힘을 주지 못해 음식을 먹을 수도 없고, 떨어진 펜을 주울 수도 없다. 이제 떨어진 펜을 줍는 것조차 그의 상상일 뿐이다. 영화 속에서는 결국 제인을 위해 스티븐이 그녀의 손을 놓게 되는데, 그의 배려가 너무 가슴 아팠다.

운동신경장애라는 판정을 받을 당시 스티븐은 의사에게 이렇게 묻는다.

"그렇다면 뇌는 어떻게 됩니까?"

의사는 운동신경세포가 파괴되면서 몸을 가누는 것이 점점 힘들어지겠지만, 뇌는 지금과 같다고 말한다. 그러나 머릿속에 어떤 생각이 떠올라도 그것을 표현할 방법이 없을 것이라 말한다. 스티븐은 절망했다.

하지만 인간에게 한계는 없다. 스티븐은 위기를 딛고 세상을 바꾼 천재 과학자가 된다. 절망의 순간을 그는 희망으로 이겨 냈다. 영화 속 스티븐은 살고자 하는 의지를 눈빛으로, 표정으로, 온몸으로 보여 준다. 슬프고 안타까웠지만 아름답기에 감동의 눈물이 났다. 인간의 한계는 어디일까? 스티븐 호킹의 한계는 없었다. 운동신경장애, 즉 루게릭병이라는 희귀한 병에 걸린 그는 어떤 사람도 해내지 못한 시간과 우주에 대한 이론을 발표한다.

스티븐 호킹의 저서 《시간의 역사A Brief History of Time》는 전 세계 40여 개국에서 1000만 부 넘게 팔렸다. 우여곡절로 인해 제인은 그를 떠났지만, 스티븐과 제인이 함께 만든 시간이 연구의 힘이 되지 않았을까?

2년밖에 살지 못한다는 시한부 인생을 선고받고도 위대한 사랑의 힘으로 51년이 지난 현재까지 연구에 몰두하고 있는 스티븐 호킹은 존재 자체가 인간 승리다. 영화 속에서 그가 휠체어를 타고 무대에 등장해 사람들 앞에 말하던 모습이 기억난다. 모두 기립박수를 보낼 때 시간의 흐름을 거꾸로 돌려 스티븐의 젊은 시절로 돌아가는 장면은 잊지 못할 명장면이었다.

스티븐 호킹의 놀라운 성과물은 어디에서 온 것일까? 그의 삶의 뿌리는 무엇이었을까?

고등학생 때 그는 친구들 사이에서 '아인슈타인'이라는 별명으로 불렸다고 한다. 쾌활한 성격의 그는 친구들과 스스럼없이 어울렸다. 위트가 넘치는 성격은 대학생 때까지 이어졌고 성적은 공부를 하지 않아도 좋은 편이었다.

운동신경장애 진단을 받았을 때 스티븐의 학자로서 본격적인 인생이 시작된다. 우주물리학에 몰두한 그는 1973년 새로운 학설을 내놓는다. 블랙홀이 강한 중력을 지니고 있어 주위의 모든 물체를 삼켜 버린다는 종래의 학설을 뒤집은 것이다. 그는 논문에서 '블랙홀은 검은 것이 아니라 빛보다 빠른 속도의 입자를 방출하며 뜨거운 물체처럼 빛을 발한다'고 주장했다. 이 이론은 아인슈타인의 이론을 바탕으로 한다.

스티븐은 이처럼 우주물리학을 연구하기 위해 아인슈타인의 상대성이론을 비롯한 그의 많은 논문을 분석했다.

스티븐 호킹을 알기 위해 공부를 하던 중 생긴 호기심은 오랫동안 나를 붙잡았다. 흔히 들어보았던 타임머신조차도 새롭게 다가왔다. 아인슈타인은 상대성이론을 통해 빛보다 빠른 물질이 없는 한 타임머신이 존재할 수 없다고 단언한다. 스티븐 역시 타임머신을 회의적으로 보았다. 그러면서 타임머신의 열쇠는 웜홀에 있다고 한다. 수많은 시간이 공존하는 우주이기에 타임머신이 전혀 불가능하다고 보기는 힘들지 않을까?

시간의 개념을 깨고 나니 또 다른 질문이 떠올랐다. 신의 존재에 관한 문제다. 이렇게 복잡한 우주를 기획한 어떤 존재가 있지 않을까 하는 문제다. 그런데 이 부분에 있어서 스티븐도 나름의 의견을 피력한 바 있다. 우주와 신의 존재에 대한 그의 생각은 과학저술가인 키티 퍼거슨이 스티븐 호킹을 심도 있게 취재해 쓴 한 책에서 발견할 수 있었다.

"나타날 가능성이 있는 모든 상수와 법칙을 고려할 때, 우리와 같은 생명을 만들어 낸 우주가 생겨나지 않았을 확률은 아주 크다."

"우리는 수천억 개의 은하 중 한 은하, 그리고 그 은하의 외곽에 위치한 아주 평범한 별 주위를 도는 작은 행성에 살고 있는 사소한 생물에 지나지 않는다. 따라서 우리에게 신경을 쓰거나 심지어 우리의 존재를 알아챌 신이 있다고는 믿기 어렵다."

— 키티 퍼거슨의 《스티븐 호킹》 중에서

이런 내용을 읽다보면 그가 뼛속까지 과학자란 사실을 알 수 있다.

스티븐 호킹에 대한 책 중 하나를 꼽으라면 《나, 스티븐 호킹의 역사》다. 이 책은 여러 스티븐 호킹 책과 달리 그가 다른 사람의 손을 빌리지 않고 직접 집필한 책이다. 미사여구 없이 담백한 문체는 참으로 간결했다. 세계적인 천재 과학자의 자서전이라지만 주절주절 세세하게 설명하지 않아도 대중을 이해시키기 충분했기 때문일 것이다.

1973년 논문 발표 후 스티븐 호킹은 영국왕립학회 회원이 된다. 이어 1979년에는 뉴턴, 디랙Paul Adrien Maurice Dirac(영국의 이론 물리학자로 노벨 물리학상을 수상했다)에 이어 케임브리지대학교 루카시언 석좌교수에 오른다. 1985년 폐렴으로 기관지 절개수술을 받은 그는 그후 휠체어에 부착된 고성능 음성 합성기를 통해야만 대화가 가능한 상태가 되었다.

그러나 그는 여전히 포기하지 않고 연구에 매진하였다. 이후 '특이점 정리', '블랙홀 증발', '양자우주론' 등 현대물리학에 기념비적인 세 개의 이론을 내놓았고, 사람들은 물리학의 계보로 주저 없이 갈릴레이Galileo Galilei, 뉴턴, 아인슈타인 다음으로 스티븐 호킹을 꼽는다. 여전히 멈출 줄 모르는 열정에 불타는 그는 '양자중력론'을 연구하고 있다.

운동신경장애를 얻고 시한부 인생을 선고받았지만 노력 끝에 세계적인 물리학자가 된 스티븐 호킹을 두고 어느 기자가 이렇게 물었다고 한다.

"당신의 업적 중 가장 중요한 것은 무엇이라고 생각하시나요?"

스티븐 호킹은 대답했다.

"그것은 희망을 잃지 않았던 것입니다."

스티븐에 있어 과학 분야를 넘어 사상적 뿌리라고 할 수 있는 아인슈타인도 이렇게 말했다.

"인생을 살아가는 방법은 두 가지뿐입니다. 기적은 없다고 믿으며 사는 것과 모든 게 기적이라고 믿으며 사는 것이죠."

삶은 이렇게 기적으로 넘쳐난다.

✉ 영화 <사랑에 대한 모든 것> 속 스티븐 호킹의 명대사

> "삶이 비록 힘들지라도, 살아 있는 한 희망이 있습니다."
>
> "세상에는 뭔가 특별함이 있다. 그것은 경계가 없다는 것이다."
>
> "인간의 노력에는 한계가 없다. 우리는 뭔가 할 수 있고, 생명이 있는 곳에 희망이 있다."

눈물이 떨어진 자리에도
꽃은 피어난다

이 책을 쓰는 동안, 나는 우면산을 하루 두 번씩 올랐다.

아침 6시 뜨는 태양을 보며 천천히 걸었고, 저녁 6시 지는 노을을 보면서 천천히 걸었다. 봄에는 생명의 새싹이 소담스럽게 희망을 안고 하루가 다르게 쏘옥 올라왔고, 점점 잎이 나오고, 꽃봉오리가 맺히는 실로 경이로운 모습을 보며, 자연의 위대한 가르침에 귀 기울였다.

꽃이 지고 나면 잎이 나오는 자연의 변함없는 진정성을 보면서 나 자신의 진정성을 찾기도 했다. 신록이 우거지는 것을 보면서 내 인생의 인문의 숲은 얼마나 짙어지고 있는가를 생각했고, 오색찬란하게 물드는 단풍을 보면서 우리네 인생도 이렇게 아름답게 물들었으면 좋겠다는 생각도 했다. 추운 겨울이 오니 우면산은 더욱 우직해졌다. 매서운 추위와 강한 찬 바람에 우직하게 버틸 수 있는 것은 오직 뿌리의 힘이었다.

수십 년, 아니 수백 년 튼튼히 내린 나무의 뿌리가 그 매서운 추위와 강한 바람, 눈보라를 거뜬히 이겨낼 수 있게 든든한 버팀목이 되어 주었다.

자연의 섭리가 주는 위대함을 어찌 다 글로 표현할 수 있을까? 너무나 정직하다. 우리도 자연처럼 정직하게 살 수 있으면 좋겠다.

　우리 인생에 봄날만 있는 것이 아니듯 인생에는 축제만 있는 것이 아니다. 축제는 반드시 끝나게 되어 있다. 다시 축제를 열기 위해 땀과 노력과 인고의 시간을 버텨내야 한다. 어떤 이는 비극의 현장에서 삶의 늪에서 몸부림을 칠 때, 어떤 이는 활짝 핀 꽃과 같이 화려하게 축제를 맞이하기도 한다. 우리네 절절한 삶의 여정에 세상은 아무 일 없는 듯 침묵한다. 그리고 태연하다. 분명한 것은 삶의 늪에서 홀로 고독하게 흘린 눈물은 다시 꽃밭을 만들 수 있다는 것이다. 눈물이 떨어진 자리에도 꽃은 피어나고, 잎은 나오고, 마침내 숲이 무성해진다.

　다시 봄이 다가오고 있다. 신기하게도 그렇게 앙상하게 가지만 남은 황량했던 우면산에 다시 새 생명이 돋아나기 시작했다. 매일 아침마다 다니는 우면산이지만, 이 책을 쓰는 동안 특별히 고마운 우면산이었다. 크고 작은 나무들에 다시 새싹이 돋고 이내 꽃이 피고 잎이 났다. 연둣빛 숲 향기가 싱그럽고 달달하다. 아카시아 꽃과 향기가 아름다운 여인네 속살 같은 고운 빛으로 온 산을 물들이고 내 마음도 물들인다.

　태양이 나뭇가지 사이를 비추고 나뭇잎을 찬란하게 비출 때, 그것을 바라보는 마음은 황홀하기 그지없다. 아침햇살은 찬란하고, 저녁노을빛은 편안하다. 비가 내리면 풋풋한 흙냄새가 고향의 어머니 품속처럼 포근히 온몸을 감싼다. 이처럼 햇살 좋은 날이든, 비가 내리는 날이든 변함없이 우리를 정답게 맞아주는 고마운 자연의 숭고함 앞에 한없이 낮아지고, 겸허해진다. 그래서 자연은 말없이 우리에게 가르침을 주는 것이다.

　이렇게 위대한 자연은 우리에게 언제나 큰 가르침을 준다. 그 큰 가르침의 원동력은 바로 뿌리에 있다. 아름다운 꽃을 피울 수 있는 것도, 연둣빛 초록빛 오색찬란한 단풍잎도 모두 뿌리가 주는 선물이다. 그 뿌리가 아름다운 강산을 물들이고, 우리네 인생의 숲도 아름답게 물들인다.

우리 인생도 나무의 뿌리와 다르지 않다. 행복한 사람, 성공한 사람들의 공통점은 바로 이 뿌리가 튼튼하다는 것이다. 삶의 뿌리가 깊게 내려지면 세찬 매서운 바람에도 쉬이 흔들리지 않는다. 뿌리가 깊어지고 또 깊어지면 쉽게 뽑히지 않는다. 삶이 깊어지는 것에 좋은 친구가 바로 인문학이다. 내가 생각하는 인문학은 사람이 행복하게 성장하는 삶을 말한다. 사람을 성장하게 하는 것은 사람이며, 사람을 연구하는 학문이 바로 인문학이기 때문이다. 그대의 삶의 뿌리가 무엇이냐고 묻는다면 어떻게 답할 수 있는가?

삶의 뿌리, 인문학, 그것은 인생의 사계절을, 수십 년 세월을 다시 피어날 수 있게 하는 가장 큰 자산이다. 행복하게 성장하기 위해, 내 인생의 뿌리를 찾아보자. 그 뿌리를 통해 개인에게는 위대한 성장이 있고, 기업 경영에는 큰 성장이 있길 진심으로 소망한다.

이 글을 쓰는 동안, 자꾸만 깊어져 가는 생각의 늪에서 참 많이도 허우적거렸다. 한 분야 대가들의 뿌리를 연구하고 그 뿌리를 통해 성장하는 삶을 스케치하는 동안 나의 호기심은 머리 꼭대기까지 올랐고, 그 호기심을 풀어 주는 그들의 감동 스토리에 온몸은 전율했고, 내 영혼은 출렁거렸다. 고독했지만 행복한 시간이었다. 글을 쓰는 동안 사생활이 거의 없다시피 하며 외부활동을 최대한 줄이고 글에 집중하고 또 집중했다.

혼자 있는 시간을 많이 확보하지 않으면 좋은 글을 쓸 수 없기 때문이다. 혼자는 언제나 고독하다. 역사 속 영웅들의 삶의 여정을 통해 인간답게 사는 것이 무엇인지, 참다운 삶의 정체성을 찾는 데 에너지를 집중했다. 행복의 최고봉은 몰입이라는 것을 실감하는 나날이었다. 글에 묻혀, 원고에 눌려 어질어질한 내 머릿속에서 풀리지 않는 글머리를 가지런히 정리하듯 머리를 맑게 해 준 연잎차가 고맙다.

빛의 속도로 급변하는 오늘을 사는 우리에게 튼튼한 뿌리가 되어 준 역사 속의 영웅들에게 감사드린다. 거친 원고를 잘 다듬어 준 유아이북스에게도 감사드리며, 늘 조용히 응원해 주는 가족에게 감사드린다.

우면산 아래에서
다이애나 홍

참고자료

가나다 순

| 강연·방송

• 신세계 지식향연-뿌리가 튼튼한 청년 영웅

• KBS스페셜-행복의 비밀 코드

| 기사·인터넷 자료

기사

• 〈객원칼럼-인터스텔라와 상대성이론〉, 경남일보, 2014년 11월 24일.

• 〈'경율론' 삼장 통달한 최고 학승〉, 불교신문, 2015년 4월 22일.

• 〈공병호의 독서산책-모이제스 나임, '권력의 종말'〉, 이투데이, 2015년 3월 23일.

• 〈래리 페이지 구글 창업자 "야망없는 회사는 실패" 10년만에 경영일선 복귀…100여개 기업 야심찬 M&A〉, 한국경제, 2014년 10월 17일.

• 〈삼성의 인재경영 '삼성맨'은 이렇게 만들어진다〉, 아주경제, 2015년 3월 23일.

• 〈앞날이 막막한가? 3000년 인간살이 빅 데이터 『사기』를 봐라〉, 중앙일보, 2015년 3월 21일.

• 〈유대인, 세계의 부를 지배하는 0.2퍼센트〉, 슈퍼리치(SUPER RICH), 2014년 7월 31일.

• 〈유대인 왜 세계화에 강한가?〉, 아주경제신문, 2011년 2월 26일.

• 〈유대인 창의성의 힘 4, 유대인이 세운 일류기업들〉, 매일경제, 2015년 5월 6일.

• 〈의식 개혁 '아메바 경영'으로 흑자전환… JAL 다시 날다〉, 한국일보, 2015년 1월 25일.

• 〈이슈와 전망 - 인문과 기술 융합 이뤄내려면〉, 디지털타임스, 2011년 11월 25일.

- 〈인터스텔라 - 최첨단 우주과학 가운데서 '나'를 돌아보다〉, 브레인미디어, 2014년 12월 9일.

- 〈주목! 이 영화-인터스텔라, 현대 물리학과 가족애가 버무러진 대서사시〉, 건설경제, 2014년 11월 7일.

- 〈현문학 기자의 돈되는 중국경제-중국 CEO들 삼장법사에 열광하는 이유〉, 매일경제, 2014년 11월 3일.

- 〈홍인표의 차이나칼럼-알리바바 마윈 회장의 우상은 무협소설가〉, 경향신문, 2014년 10월 2일.

인터넷

- [유연호 교수의 내 아이디어로 창업하기] 호암 이병철 삼성그룹 창업주의 기업가정신
  blog.naver.com/gatesceo/150078326856

- [네이버캐스트] 덩샤오핑:
  navercast.naver.com/contents.nhn?rid=75&contents_id=154

- [네이버 지식백과] 미뇨넷호사건:
  terms.naver.com/entry.nhn?docId=1096187&cid=40942&categoryId=31787

- [네이버 지식백과] 빈센트 반 고흐:
  terms.naver.com/entry.nhn?docId=1062586&cid=40942&categoryId=34397

- [네이버 지식백과] 스티브 잡스:
  terms.naver.com/entry.nhn?docId=1625187&cid=42171&categoryId=42175

- [네이버 지식백과] 스티븐 호킹:
  terms.naver.com/entry.nhn?docId=1154498&cid=40942&categoryId=34348

- [네이버 지식백과] 알베르트 아인슈타인:
  terms.naver.com/entry.nhn?docId=1121632&cid=40942&categoryId=34348

- [네이버 지식백과] 유대인 네트워크의 위력:
  terms.naver.com/entry.nhn?docId=1387513&cid=43118&categoryId=43118

- [브랜드네트워크 40라운드]: 40round.com

| 영화 · 뮤지컬

영화

• 꾸뻬씨의 행복여행(Hector and the Search for Happiness, 2014)

• 반 고흐: 위대한 유산(The Van Gogh Legacy, 2013)

• 사랑에 대한 모든 것(The Theory of Everything, 2014)

• 아바타(Avatar, 2009)

• 인터스텔라(Interstellar, 2014)

뮤지컬

• 빈센트 반 고흐(HJ CULTURE 제작)

| 책

• 가재산 지음, 《삼성이 강한 진짜 이유》, 한울, 2014.

• 공병호 지음, 《공병호의 고전강독 3》, 해냄, 2012.

• 국제문화출판공사 편집부 지음, 《등소평전》, 국제문화출판공사, 2014.

• 김병완 지음, 《삼성 비전 2020》, 문학스케치, 2012.

• 김영안 지음, 《삼성신화의 원동력 특급 인재경영》, 이지북, 2004.

• 김영수 엮음, 《36계》, 사마천, 2015.

• 김영수 지음, 《사마천, 인간의 길을 묻다》, 왕의서재, 2010.

• 김영수 지음, 《태산보다 무거운 죽음, 새털보다 가벼운 죽음》, 어른의시간, 2015.

• 김욱 지음, 《탈무드에서 마크 저커버그까지》, 더숲, 2011.

• 김종원 지음, 《삼성의 임원은 어떻게 일하는가》, 넥서스BIZ, 2014.

• 김지영·이윤정 지음, 《제임스 카메론》, 한즈미디어, 2010.

• 노성두 지음, 《청동에 생명을 불어넣은 로댕 》, 아이세움, 2004.

- 다이애나 홍 지음, 《세종처럼 읽고 다산처럼 써라》, 유아이북스, 2013.

- 등용 지음, 《나의 아버지 등소평》, 삼문, 1993.

- 등용 지음, 임계순 옮김, 《불멸의 지도자 등소평》, 김영사, 2001.

- 랍비 조셉 텔루슈킨 지음, 김무겸 옮김, 《죽기 전에 한 번은 유대인을 만나라》, 북스넛, 2012.

- 레비 브래크만·샘 제프 지음, 김정완 옮김, 《비즈니스는 유대인처럼》, 매일경제신문사, 2014.

- 로버트 노직 지음, 김한영 옮김, 《무엇이 가치 있는 삶인가》, 김영사, 2014.

- 류스잉·펑정 지음, 차혜정 옮김, 《불광불급》, 21세기북스, 2011.

- 류스잉·펑정 지음, 차혜정 옮김, 《알리바바, 세계를 훔치다》, 21세기북스, 2014.

- 마리아 윌헴·더크 매디슨 지음, 김현중 옮김, 《제임스 카메론의 아바타》, 랜덤하우스코리아, 2002.

- 마이클 샌델 지음, 김명철 옮김, 김선욱 감수, 《정의란 무엇인가》, 와이즈베리, 2014.

- 마이클 샌델 지음, 이목 옮김, 김선욱 감수, 《마이클 샌델의 하버드 명강의》, 김영사, 2011.

- 마키노 다케후미 지음, 이수형 옮김, 《구글의 철학》, 미래의창, 2015.

- 모이제스 나임 지음, 김병순 옮김, 《권력의 종말》, 책읽는수요일, 2015.

- 미나기 가즈요시 지음, 김윤경 옮김, 《이나모리 가즈오, 그가 논어에서 배운 것》, 카시오페아, 2015.

- 민길호 지음, 《빈센트 반 고흐, 내 영혼의 자서전》, 학고재, 2014.

- 바스카르 차크라보티 지음, 이상원 옮김, 《혁신의 느린 걸음》, 푸른숲, 2005.

- 바우터르 반 데르 베인·페터르 크나프 지음, 유예진 옮김, 《반 고흐, 마지막 70일》, 지식의 숲, 2011.

- 박현모 지음, 《세종처럼》, 미다스북스, 2014.

- 박홍규 지음, 《독학자, 반 고흐가 사랑한 책》, 해너머, 2014.

- 빈센트 반 고흐 지음, 신성림 옮김, 《반 고흐 영혼의 편지》, 예담, 2005.

- 서정록 지음, 《마음을 잡는 자, 세상을 잡는다》, 학고재, 2012.

- 스티븐 윌리엄 호킹 지음, 전대호 옮김, 《나, 스티븐 호킹의 역사 》, 웅진지식하우스, 2013.

- 시오노 나나미 지음, 김석희 옮김, 《로마인 이야기》, 한길사, 1995-2007.

- 신광철 지음, 《칭기즈칸 리더십》, 한문화사, 2010.

- 신정근 지음, 《공자와 손자, 역사를 만들고 시대에 답하다》, 사람의무늬, 2014.

- 신정근 지음, 《마흔, 논어를 읽어야 할 시간》, 21세기북스, 2011.

- 아리스토텔레스 지음, 천병희 옮김, 《니코마코스의 윤리학》, 도서출판 숲, 2013.

- 아리스토텔레스 지음, 천병희 옮김, 《정치학》, 도서출판 숲, 2009.

- 아비에저 터커 지음, 박중서 옮김, 《이럴 때 소크라테스라면》, 원더박스, 2014.

- 아시아 편집부 엮음, 《아시아》제34호, 2014.

- 양병무 지음, 《행복한 논어 읽기》, 21세기북스, 2009.

- 엄정식 지음, 《소크라테스, 인생에 답하다》, 소울메이트, 2012.

- 에릭 슈미트·조너선 로젠버그·앨런 이글 지음, 박병화 옮김, 《구글은 어떻게 일하는가》, 김영사, 2014.

- 에밀리 챈 지음, 이상규 옮김, 《하버드 MBA 출신들은 어떻게 일하는가》, 이상, 2011.

- 오승은 지음, 임홍빈 옮김, 김종민 그림, 《서유기》, 문학과지성사, 2010.

- 왕리펀·리샹 지음, 김태성 옮김, 《운동화를 신은 마윈》, 36.5, 2015.

- 이건희 지음, 《생각 좀 하며 세상을 보자》, 동아일보사, 1997.

- 이나모리 가즈오 지음, 김형철 옮김, 《카르마 경영》, 서돌, 2005.

- 이나모리 가즈오 지음, 신정길 옮김, 《왜 일하는가》, 서돌, 2010.

- 이남훈 지음, 《CEO 스티브 잡스가 인문학자 스티브 잡스를 말하다》, 팬덤북스, 2011.

- 이요셉 지음, 《매출의 기적 성공 웃음》, 한국웃음연구소, 2012.

- 이지성 지음, 《스물일곱 이건희처럼》, 차이, 2015.

- 이채윤 지음, 《삼성家 사람들 이야기》, 성안북스, 2014.

- 장샤오형 지음, 이정은 옮김, 《마윈처럼 생각하라》, 갈대상자, 2014.

- 장숙필 지음, 《이이. 율곡전서》, 울산대학교출판부(UUP), 1999.

- 장옌 지음, 김신호 옮김, 현문학 감수, 《알리바바 마윈의 12가지 인생 강의》, 매일경제신문사, 2014.

- 전대호 지음, 《나, 스티븐 호킹의 역사》, 까치글방. 2013.

- 조승연 지음, 《언어천재 조승연의 이야기 인문학》, 김영사, 2013.

- 조지 베일런트 지음, 김한영 옮김, 《행복의 완성》, 흐름출판, 2011.

- 조지 베일런트 지음, 이덕남 옮김, 이시형 감수, 《행복의 조건》, 프런티어, 2010.

- 조지 베일런트 지음, 최원석 옮김, 《행복의 비밀》, 21세기북스, 2013.

- 키티 퍼거슨 지음, 이충호 옮김, 《스티븐 호킹》, 해나무, 2013.

- 프랑수아 를로르 지음, 오유란 옮김, 이지연 그림, 《꾸뻬 씨의 행복 여행》, 오래된미래, 2004.

- 플라톤 지음, 황문수 옮김, 《소크라테스의 변명》, 문예출판사, 1999.

- 피터 틸·블레이크 매스터스 지음, 이지연 옮김, 《제로 투 원》, 한국경제신문, 2014.

- 한국정신문화연구원 편집부 엮음, 《국역 율곡전서》, 한국학중앙연구원, 2007.

- 현경병 지음, 《중국을 만든 사람들》, 무한, 2014.

- 홍익희 지음, 《유대인 이야기》, 행성B잎새, 2013.

다이애나 홍이 추천하는 '두 번 읽어도 좋은 책' 100선

(가나다 순)

1	《2016~2026 빅이슈 트렌드》 〈트렌즈(Trends)〉 지 특별취재팀 (지은이), 권춘오 (옮긴이) ┃ 일상이상
2	《2018 인구 절벽이 온다》 해리 덴트 (지은이), 권성희 (옮긴이) ┃청림출판
3	《가보고 싶은 곳 머물고 싶은 곳》 김봉렬 (글), 관조 (사진) ┃ 컬처그라퍼
4	《걷기, 두 발로 사유하는 철학》 프레데리크 그로 (지은이), 이재형 (옮긴이) ┃ 책세상
5	《공자, 잠든 유럽을 깨우다》 황태연, 김종록 (지은이) ┃ 김영사
6	《공자와 손자, 역사를 만들고 시대에 답하다》 신정근 (지은이) ┃ 사람의무늬
7	《관점을 디자인하라》 박용후 (지은이) ┃ 프롬북스
8	《구글 신은 모든 것을 알고 있다》 정하웅, 김동섭, 이해웅 (지은이) ┃ 사이언스북스
9	《구글은 어떻게 일하는가》 에릭 슈미트, 조너선 로젠버그, 앨런 이글 (지은이), 박병화 (옮긴이) ┃ 김영사
10	《구글의 아침은 자유가 시작된다》 라즐로 복 (지은이), 이경식 (옮긴이), 유정식 (감수) ┃ 알에이치코리아(RHK)
11	《권력의 종말》 모이제스 나임 (지은이), 김병순 (옮긴이) ┃ 책읽는수요일
12	《그들은 소리 내 울지 않는다》 송호근 (지은이) ┃ 이와우
13	《그래도, 사랑》 정현주 (지은이) ┃ 중앙books(중앙북스)
14	《꾸뻬 씨의 행복 여행》 프랑수아 를로르 (지은이), 이지연 (그림), 오유란 (옮긴이) ┃ 오래된미래
15	《끌리는 얼굴은 무엇이 다른가》 데이비드 페렛 (지은이), 박여진 (옮긴이) ┃ 엘도라도
16	《나 자신과의 대화》 넬슨 만델라 (지은이), 윤길순 (옮긴이) ┃ 알에이치코리아(RHK)
17	《나, 건축가 구마 겐고》 구마 겐고 (지은이), 민경욱 (옮긴이), 임태희 (감수) ┃ 안그라픽스
18	《나, 스티븐 호킹의 역사》 스티븐 윌리엄 호킹 (지은이), 전대호 (옮긴이) ┃ 까치
19	《난쟁이 피터》 호아킴 데 포사다, 데이비드 S. 림 (지은이), 최승언 (옮긴이) ┃ 마시멜로
20	《남자가, 은퇴할 때 후회하는 스물다섯 가지》 한혜경 (지은이) ┃ 아템포
21	《내 안에서 나를 만드는 것들》 러셀 로버츠 (지은이), 이현주 (옮긴이), 애덤 스미스 ┃ 세계사
22	《내가 보고 싶었던 세계》 석지영 (지은이), 송연수 (옮긴이) ┃ 북하우스